KB113833

화장실에서 읽는 책

화장실에서 읽는 책

1판 1쇄 인쇄 2021년 2월 1일
1판 1쇄 발행 2021년 2월 5일

엮은이 | 미리내공방
펴낸이 | 최윤하
펴낸곳 | 정민미디어
주 소 | (151-834) 서울시 관악구 행운동 1666-45, F
전 화 | 02-888-0991
팩 스 | 02-871-0995
이메일 | pceo@daum.net
홈페이지 | www.hyuneum.com
편 집 | 미토스
표지 디자인 | 강희연
본문 디자인 | 디자인 [연;우]

ISBN 979-11-86276-97-6 (03320)

화장실 에서 읽는 책

미리내공방 엮음

책

정민
미디어

CONTENTS

훌륭한 인간의
두드러진 특징은
쓰라린 환경을
이겼다는 것이다

베토벤

PART 1 지혜 · 13

덕은 만 가지 사업의 근본이다 • 지도자가 뱉은 말은 몸 밖으로 나온 땀과 같다 • 큰 물고기는 강의 지류에서 놀지 않는다 • 백 리 길을 가는 사람은 구십 리를 반으로 친다 • 언제나 희망은 밝은 곳에 있다 • 자신만의 수족관에서 벗어나라 • 지나친 장고는 악수다 • 드높은 이상보다 안정된 생활이 먼저다 • 오늘 죽을 것처럼 일하라 • 현재의 성공을 경계하라 • 소통의 명수가 되어라 • 남에게 보탬이 되는 사람이 되는 법 • 스스로 긍정의 최면을 걸어라 • 곁눈질하지 않기 • 시작할 때 나쁜 시기란 없다 • 자신의 과오를 인정하라 • 속까지 어리석은 사람은 되지 말라 • 고집 센 상대를 이기려고 하지 말라 • 고집 센 상대는 융통성 있게 대하라 • 상대에게 본심을 내비치지 말라 • 주저하지 말라 • 과감하게 패를 던져라 • 상대의 감정을 역이용하라 • 말 한마디가 천 근의 무게를 갖는다 • 욕망에 쉼표를 찍어라 • 역지사지의 눈을 키워라 • 화가 치밀수록 부드럽게 말하라 • 열정에는 사람을 끌어모으는 힘이 있다 • 변화를 즐겨라 • 절망의 언어를 희망의 언어로 • 살아야 할 이유를 찾아라 • 항상 깨어 있어라 • 비관적인 생각을 걷어내라 • 다르게 살기 • 문제는 풀어라 • 오기를 제대로 부려라 • 나 자신을 있는 그대로 인정하라 • 바꾸면 바뀐다 • 스트레스는 만병의 근원이다 • 지레 겁먹지 말라 • 결과로 말하라 • 성격도 개선할 수 있다 • 상대의 마음을 살펴라 • 포기하고 싶을 때 한 번 더 해보라 • 신념이 사실을 창조해낸다 • 절망은 내일 해도 늦지 않다 • 매 순간 성공을 준비하라 • 자신만의 신화를 창조하라 • 작은 일에 발목 잡히면 큰일을 그르친다 • 나 하나 없어도

큰일을 먼저 하라 작은 일은 저절로 처리될 것이다

데일 카네기

세상은 잘 돌아간다 • 사람을 밀어내는 '적반하장' • 사람을 섬겨라 • 말하라, 그래야 통한다 • 화를 다스리는 가장 좋은 방법 • 호의를 담아 말하라 • 쓸어 담지 못할 말은 뱉지도 말라 • 상황을 객관화하라 • 무조건 해보라, 지금이 제일 좋은 때다 • 적당한 선에서 한 박자 쉬어라 • 갈등의 고리를 끊어내라 • 괜찮아, 다 잘될 거야! • 사람이 다 내 마음 같을 순 없다 • 세상에 쓸모없는 존재란 없다 • 기본에 충실하라 • 좋은 일도 너무 깊이 빠지면 위험하다 • 사람은 늘 한결같아야 한다 • 험담을 즐기는 사람은 멀리하라 • 리더는 화합을 이끌어내는 사람이다 • 아낌없이 헌신하라 • 때로는 선한 거짓말도 하라 • 리더라면 신속히 결단하라 • 유능한 사람 vs. 무능한 사람 • 어려울 때 그 사람의 진가가 나타난다 • 무조건 목청을 높이지 말라 • 원만한 대인관계를 위해 꼭 필요한 세 가지 • 과거는 현재의 거울 • 빛이 나는 봉사 • 신발 한 켤레의 온정 • 득롱망촉 • 반포지효 • 부드러운 것이 강한 것을 이긴다 • 더불어 사는 조상들의 지혜 • 중용의 리더십 • 교만보다 나쁜 것은 가장된 겸손이다 • 분수를 망각하지 말라 • 지나친 욕망이 파국을 부른다 • 리더는 매사 신중을 기해야 한다 • '지, 용, 인'으로 승리하라 • 내 이익만 추구하지 말라 • 군자의 세 가지 즐거움 • 실패를 책임지는 방법 • 감정 처리를 명확히 하라 • 덕으로 조직을 이끌어라 • 자애로움과 위엄으로 조직을 이끌어라 • 지금의 평안이 지속된다고 생각하지 말라 • 민첩하게 상황을 판단하라 • 사업에 꼭 필요한 두 가지 • 빈말에 현혹되지 말라 • 원한을 갚는 법 • 정면 돌파가 능사는 아니다 • 어진 마음으로 사

결과가 실패로 예상될지라도
충분히 중요한 일이라면
시도해야 한다

엘론 머스크

람을 움직여라 · 대기만성의 도리를 간파하라 · 인생을 즐기는 법 · 주도면밀하게 준비하고, 적시
에 실행하라 · 연행에 앞서 자기 검열을 하라 · 리더의 다섯 가지 덕목 · 주공단이 아들에게 전한
가르침 · 정확한 지식 습득과 진지한 사색을 병행하라 · 결점이 많은 인간의 특징

단순성은 두 단계로 요약된다
꼭 필요한 것을 찾아내고
나머지는 없애라

레오 바바우타

PART 2 명언 · 129

남의 눈으로만 자기 결점을 볼 수 있다 • 가장 뛰어난 예언자는 과거이다 • 선은 결코 실패하지 않는 유일한 투자이다 • 예의 바르고 친절한 사람은 아무에게도 적이 되지 않는다 • 삶은 치열한 생존경쟁의 정글이다 • 먼저 손을 쓰면 상대를 제압하고, 늦으면 상대에게 제압당한다 • 궁하면 통한다 • 몸에 좋은 약은 쓰다 • 높은 산을 쌓는 데서 한 삼태기의 흙 때문에 그 공을 잃는다 • 작은 것이 모여 큰 것을 이룬다 • 교묘하게 꾸민 아름다움은 소박한 진실을 이기지 못한다 • 이해득실로 맺은 인간관계는 공허하다 • 다른 사람과 학문을 논할 때는 먼저 강물에 귀를 씻어라 • 소인의 학문은 귀로 들은 것을 입으로 뱉는 데 있다 • 평정심을 잃지 않는 자가 진정 마지막에 웃는다 • 경험은 실수의 다른 이름이다 • 신념을 가지지 못한 자는 사용하는 말이 비굴하다 • 사람의 인생에는 '우'와 '불우'가 따른다 • 진정한 용기는 물러날 때 물러설 줄 아는 것이다 • 정상은 끝이 아니다 • 진리는 언제나 평범한 곳에 있다 • 실천이 따르지 않는 지식은 임시변통에 지나지 않는다 • 침묵은 금이다 • 상대의 마음을 공격하는 것이 최상의 용병술이다 • 그 사람을 알고자 하면 그가 사귀는 친구를 보라 • 큰길은 갈림길이 많아서 도망친 양을 찾기 힘들다 • 믿지 말아야 할 상대를 믿는 것은 스스로 무덤을 파는 것과 같다 • 덮어놓고 책을 믿는 것은 책이 없는 것이나 마찬가지다 • 내 마음을 열어야 다른 사람의 마음도 열 수 있다 • 승산 없는 싸움은 물러난다 • 꿀을 써도 과히 달게 되는 법이 없고, 소금을 써도 과히 짜게 되는 법이 없다 • 빈곤하면서 원망하지 않기는 어렵고, 부유하면서

행동을 해봄으로써
행동력을 배우고,
생각을 해봄으로써
사고력을 배운다

존 버로우즈

교만하지 않기는 쉽다 • 자만심은 손해를 초래하지만, 겸허함은 이익을 가져다준다 • 헤픈 웅변보다 과묵한 처신이 낫다 • 수양산 나무 그늘이 천 리를 간다 • 모든 일은 위에서 아래로 영향을 미친다 • 사술로 이룬 성공은 훗날 자신을 욕되게 만드는 독주가 된다 • 꾸불꾸불한 쑥도 곧은 삼밭에서는 곧게 자라난다 • 다른 산에서 나온 나쁜 돌도 자신의 옥을 가는 데 필요하다 • 세 사람이 함께 가면 그중에 반드시 내 스승이 있다 • 소문난 잔치에 파리 떼가 꼬인다 • 하늘은 스스로 돕는 자를 돕는다 • 지혜로운 사람은 실패를 성공의 모태로 삼는다 • 인간은 오만으로 상하고, 욕심으로 곤란해진다 • 표범은 가을이 되면 등가죽의 무늬가 아름답게 변한다 • 마음이 바르면 그 눈동자가 맑다 • '단금지교'하고, '금란지교'하다 • 행운을 바라는 것은 무능한 사람의 기도에 불과하다 • 마음을 곧고 바르게 기르려면 욕심을 적게 가져야 한다 • 물은 마음을 비치는 거울이다 • 의심의 눈으로 보면 모든 것이 의심스럽게 다가온다 • 세상일을 조금이라도 줄이면 그만큼 속세에서 벗어날 수 있다 • 가는 사람은 뒤쫓지 말고, 오는 사람은 거절하지 말라 • 인생의 가장 큰 병폐는 오직 한 글자, 거만할 '오' 자이다 • 진정한 웅변은 눌변에서 나온다 • 악한 끝은 없어도 착한 끝은 있다 • 지나친 낙관은 화를 부른다 • 사단설은 예의 시작이다 • 칼은 갈아야 날이 서는 법이다 • 좋아하면서도 그 나쁜 점을 아는 사람은 천하에 드물다 • 사랑보다 위험한 감정은 미움이다

집을 꾸며라
당신의 삶이 실제보다 훨씬 재밌고
살 만하다는 환상을 줘라

찰스 슐츠

PART 3 유머 · 195

흥미롭고 중요하며
인간적인 것의 대부분은
창의성의 결과이다

미하이 칙센트미하이

PART 1 지혜

CONTENTS

사업을 흥하게 만드는 기반은
경영자 자신이 품고 있는 덕으로부터 나온다.
기초가 흔들리는데 건물이
견고하게 서 있을 리 만무하다.

사업적 재능과 덕은 성공으로 가는
두 개의 수레바퀴와 같다.
그중에서도 덕은 매우 중요하다.

경영자가 덕이 부족하면
사업에 마이너스 요인이 된다.
당연히 수레에 힘이 실리기 어렵다.
반면 재능은 좀 부족해도
평소에 덕을 많이 베푼 경영자에게는
어려울 때마다 힘을 보태주는
조력자가 나타나게 마련이다.

땀은 일단 자기 몸에서 배출되고 나면
두 번 다시 몸으로 들어갈 수 없다.
말 또한 마찬가지다. 특히 지도자가
입 밖으로 뱉은 말은 보통 사람의 그것과는
의미가 남다를 수밖에 없다.
그러므로 지위가 올라갈수록 발언은
신중히 해야 한다.

의자는 그 주인이 감당해야 할
무게를 말해준다.
실언과 허언은 리더로서 실격이다.

주장해야 할 것은 단호하게 밀고 나아가되,
책임지지 못할 것 같으면
아예 발설하지 말아야만 한다.
한 번 뱉은 말을 부정하는 태도는
스스로 자신의 권위를 부정하는 것이다.

목표는 크고 높게 가질수록 좋다.
그릇이 커야 물을 넉넉하게 담을 수 있다.
처음부터 목표를 소심하게 세웠다가는
그만한 수준에서 멈추기 쉽다.
또한 일단 목표를 세웠으면 그것을 실현하기 위한
환경을 갖춰야만 한다. 전력 질주에 방해가 되는
곁가지를 모두 잘라내라는 뜻이다.

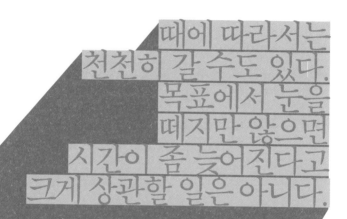

때에 따라서는 천천히 갈 수도 있다. 목표에서 눈을 떼지만 않으면 시간이 좀 늦어진다고 크게 상관할 일은 아니다.

진나라 무왕은 주변 제후국들을 앞서며 점차 강성해질 조짐이 보이자 자만심이 하늘을 찔렀다. 이를 염려한 신하가 왕에게 작심하고 간언했다.

"백 리 길을 가는 사람은 구십 리를 반으로 친다는 말이 있습니다. 역사적으로 처음을 잘하고도 끝을 완수하지 못한 사례가 무수히 많습니다.《시경》에도 이르기를, 처음은 누구나 잘하지만 끝을 좋게 마무리하는 사람은 적다고 했습니다. 부디 왕께서는 천하대업(天下大業)을 추진하여 유종의 미를 거두시길 바라옵니다."

무슨 일이든
마무리가 중요하다.
과정이 다소 험난하더라도
끝이 좋으면
모두가 행복하다.

내게 주어진 환경을 탓한다고 해서 삶의 무게가 가벼워지는 건 아니다. 눈앞의 현실을 떨치고 일어날 수 있는 에너지는 작은 것 하나부터 긍정하는 그 마음가짐에서 나온다.

사람의 기분은 전염성이 강하다. 때론 '유유상종'을 피하는 것도 정신건강에 이롭다. 심리적으로 위축돼 있을수록 가능하면 밝은 느낌을 주는 긍정적인 사람과 자주 만나는 게 좋다.
물론 지나치게 자기와 비교되는 사람과 어울리는 것도 좋은 방법은 아니다. 어떤 사람과 이야기할 때 심정적으로 편안해지는지는 본인이 누구보다 잘 안다.

언제나 희망은 밝은 곳에 있다. 그것이 순리다.

세상에는 세 부류의 물고기가 있다.

첫 번째는 수족관에 머무는 물고기다. 자신만의 질문을 갖지 못한 채 수족관이 세상 전부인 줄 안다.

두 번째는 물살이 흐르는 대로 헤엄쳐 가는 물고기다. 다른 동료들과 어울려 사는 방법을 깨우친 물고기는 큰 위험이 닥치지 않는 한 그럭저럭 현상 유지를 한다.

세 번째는 물살을 거슬러 올라가는 물고기다. 모험은 때때로 위험을 동반하지만 스스로 더 나은 곳으로 나아갈 기회를 만든다.

인생은 한 번뿐이다.
수족관에 갇힌 눈으로
세상을 바라보지 말고,
그 너머를 바라보자.
굴레를 벗어나는 방법은
의외로 간단하다.

과유불급,
지나친 경계심이
일을 망치는 요인이 된다.

도무지 발전이 없는
사람의 가장 큰 특징은
결정이 느리다는 점이다.
돌다리도 적당히 두들겨야 한다.
위험을 완벽히 피하겠다고 주저하는 동안
물이 불어나 오도 가도 못하는
신세가 될 수 있다.

토끼를 잡고 싶다면 우선 토끼를 찾는 게 먼저다.
산에 사냥개를 풀어 토끼를 잡게 하는 건 그다음 일이다.
잠깐 소나기 좀 맞는다고 골병들지는 않는다.
정작 해야 할 일은 제쳐두고 이것저것 재보고
따지는 사이에 아까운 골든타임은 흘러간다.

"항산(恒産)이 없으면 그 때문에 항심(恒心)을 잃는다. 항산이란 생활을 지탱하는 데 필요한 안정된 수입을 말한다. 또한 아무리 어려운 일이 닥쳐도 악으로 치닫지 않는 마음을 항심이라 한다." 재물에 연연해하지 않고도 항심을 유지한다는 것은 보통 내공으로는 분명 어렵다. 그래서 맹자는 평범한 사람들에게 항산이 준비되지 않은 상태에서 항심을 기대하지 말 것을 주장하며, 그들의 생활을 안정시켜주는 것이야말로 위정자의 몫이라고 역설했다.

현실적으로 힘을
발휘하지 못하는 이상은
오히려 자신의 앞날에
걸림돌이 될 뿐이다.
이상이 드높을수록
생활에 대한 확고한 설계가
우선되어야 하는 이유다.

살다 보면 뜻대로 안되는 것이 7, 8할은 있게 마련이다. 나머지 2, 3할은 성공의 블루오션이다. 이럴 때야말로 선택과 집중의 지혜가 요구된다. 도무지 어떻게 해볼 방법이 없다고 생각되면 일단 한 박자 쉬어 가는 여유가 필요하다. 그런 다음 안 되는 일은 무시하고 나머지 가능성에 최대한 집중하라.

미치면(狂) 미친다(達)고 했다.

기어이 하지 않으면 곧 죽을 것처럼
미친 듯이 일해본 사람은
인내의 단맛을 안다.
열정에 미친 사람은
귀신도 피해 가는 법이다.

'기기이만복(敧器以滿覆)'이라는 말이 있다. '기기(물이 가득 차면 엎어지고 텅 비면 기울어지나 알맞게 차면 반듯해지는 금속으로 만든 그릇)는 가득 차면 반드시 쓰러지는 법이다'라는 뜻이다. 이는 상황이 긍정적일 때일수록 자만하지 않으며 스스로를 경계하라는 의미다.

일이 일정한 수준에 도달했다고 판단되면 긴장을 늦추기 쉬운 게 사람의 심리이다. 사고는 꼭 이럴 때 생긴다.

불행은
어리석은 행동의 결과
그 이상도 이하도 아니다.
항상 방심하다
공든 탑이
무너지는 것이다.

23

《논어》는 말의 쓰임에 대해 이렇게 조언한다.
'함께 말할 수 없는 일인데도 상대와 함께 말하는 것은 말을 잃는
것이며, 함께 말할 수 있는 일인데도 말하지 않는 것은 사람을 잃
는 것이다.'

소통이 불가능한 상대와
이야기하는 것은
그 말의 가치를 떨어뜨릴 뿐이지만,
정작 소통이 필요한 상황에서
말을 아낀다면
인재를 잃게 된다는 뜻이다.

적게 말할수록 실수가 적다는 말도 있다. 다만 사람의 태도가 과
묵한 것과 대화에 불성실한 것은 엄연히 다름을 알아야 한다. 소
통이 없으면 성공도 없다.

인간관계에는 가장 중요한 세 가지 가치가 있다.
조화, 선, 진실이다.

복잡하게 생각할 것 없다.
이 세 가지를 한마디로 정의하면

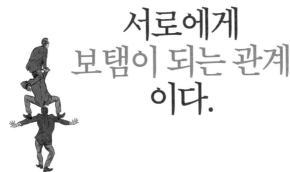

서로에게
보탬이 되는 관계
이다.

자신에게 해를 끼치지 않고 보탬이 되는 상대를 싫어할 사람은
아무도 없다. 문제는 어떻게 하면 그런 사람을 만날 수 있느냐 하
는 데 있다.
방법은 간단하다. 자신이 바라는 것을 먼저 상대에게 베푸는 것!

부정적인 상황일수록 스스로에게 관대해질 필요가 있다. "힘들어 못해먹겠다!"고 푸념하는 대신 "어렵지만 잘될 거야!"라고 외치자. 그러면 일단 자기 마음부터 편안해진다. 일의 끝을 보기 위해선 의외로 시간이 오래 걸릴 수도 있다. 끝까지 가보지도 않고 초를 치면 될 일도 안된다.

호랑이 굴에 잡혀가도
정신만 차리면 산다고 했다.
상황 판단은 냉정하게,
자기 최면은 긍정적으로!
어렵다고 아무것도 안 하는 것보다는
뭐라도 하는 게 낫다.
가장 끔찍한 건 아무런 위험도
무릅쓰지 않으려는 것이다.

매사에 독창적이고 창의적인 게 반드시 좋은 것만은 아니다. 정
도를 따르면 새롭다는 말을 듣지는 못할지라도 견실하다는 평가
를 받을 수 있다.
또 하나 중요한 이유는 이미 검증된 길이라는 데 있다. 수많은 시
행착오를 거쳐서 확립된 길을 따르면 웬만해선 잘못될 일이 없다.

인생은 왕복 차표를 발행하지 않는다.
일단 떠나면 다시는 돌아오지 못한다.
이것저것 곁눈질하지 말고 옳은 길을 가라.
가는 길이 옳으면 결과도 옳게 나온다.

일을 시작할 때 나쁜 시기란 없다.
어떤 일을 해야겠다고 선택한 순간이
바로 최적의 시기이다.
왜냐하면 이럴 때 일을 가장 즐겁게
할 수 있기 때문이다.

사업가들이 곤경에 처했을 때 초심으로 돌아가고자 하는 것도
이와 같은 맥락에서다.

모든 시작은 언제나 활기차고 희망에 차 있다. 처음부터 일이 쉽
지 않으리라는 것도 안다. 몸이 고되더라도 기꺼이 받아들이며
일하는 과정 자체를 즐길 줄 아는 여유도 있다. 본인의 열정 말고
는 그 어떤 조건도 즐겁게 일하는 데 장애가 되지 않는다. 자연히
기회를 보는 감각도 민첩해질 수밖에 없다.

유독 자존심이 세다고 주장하는 사람일수록 자신의 과오를 인정
하지 않으려는 경향이 강하다. 자존심은 누구에게나 있다. 자존
심은 숨긴다고 해서 숨겨지는 것이 아니다.

남들 앞에서 실수를 드러내기 싫은 건 누구나 마찬가지다. 가령
단순한 부주의로 업무상 잘못을 저질러놓고 혼자 해결해보려다
더 크게 일을 망치는 경우가 있다. 진짜 자존심이 강하다면 본인
의 과실을 인정하라.

마음속으로는 자신이 틀렸다는 걸 알면
서도 일을 끌어안고 있는 것만큼 무책임
한 태도는 없다. 본인은 어쨌거나 자신
이 벌인 일을 끝까지 마무리하는 것이
성실한 태도라고 여길지 모르나, 이것은
주위 사람들에게 책잡히지 않으려는 어
설픈 변명에 불과하다.

혼자 힘으로 해결되는 일이 있고 안 되
는 일이 있다. 언제까지나 잘못된 결단
에 얽매여 있다가는 오히려 더 큰 오해
를 불러일으킬 뿐이다.

본의 아니게 일에 차질이 빚어졌다면 순순히 자신의 판단에 착
오가 있었음을 인정하고 양해와 협조를 구하라.
살다 보면 약속을 지키지 못할 경우가 생긴다. 이럴 땐 장황한 변
명보다 솔직한 사과의 말 한마디가 훨씬 더 효과적이다. 사과는
자존심이 허락지 않는다는 어리석고 안일한 생각에 얽매여 기회
를 놓치면 진짜 뻔뻔한 사람이 되고 만다.
겉으로 드러난 어리석은 짓은 용서될 수 있다. 그러나 속까지 어
리석은 사람은 누구에게도 용서받지 못한다.

잘못된 판단을 하고도 자기주장에만 열 올리는 상대와 말싸움하는 것만큼 피곤한 일은 없다. 대개 고집 센 사람이 잘못된 판단을 하기 쉽다. 남의 의견에 귀를 기울일 줄 안다면 잘못된 판단을 할 확률이 그만큼 줄어들 테니까.

고집 센 사람의 판단 근거는 엉뚱하게도 본인의 직감이거나 불확실한 정보에 의존했을 확률이 높다. 이럴 땐 자기 생각이 옳더라도 말싸움을 피하고 보는 게 상책이다.

말싸움에서 이겨봐야 득보다는 실이 더 많을 때가 있다. 가령 상대가 나이가 많거나 직급이 높은 위치에 있다면 무례하다는 인상을 줄 게 뻔하다.

사고방식이
유연하지 않은 사람을
설득할 방법은 **거의 없다.**

무슨 일이든 싸움의 꼬투리로 삼으려는 사람들은 어딜 가나 있다. 상대가 고집스럽게 나오면 융통성 있게 대응할 필요가 있다. 생각은 양보하되 실행 단계에서만큼은 자신의 의지를 표현하는 것도 방법이 될 수 있다. 이 경우 십중팔구 각자의 의견 차이는 별 의미가 없게 된다.

소크라테스는 말했다.
"사냥꾼은 개를 이용하여 토끼를 잡지만
현명한 자는 칭찬으로 우둔한 자를
자기편으로 끌어들인다."

상대의 목적이 말싸움을 이기는 것에만 있었다면
의외로 당신은 뚜렷한 소신을 가진 사람으로
기억될 수도 있다.

악의를 가진 자가 멋대로 행동하는 것을 차단하려면 무엇보다 먼저 빈틈을 보이지 말아야 한다. 상대는 나의 허점을 캐기 위해 항상 안테나를 열어놓고 있다. 상습적으로 남의 공을 가로채는 사람이 있다. 뻔뻔한 짓을 하고도 어찌나 태도가 자연스럽고 치밀한지 심증은 있으나 물증이 없다. 이럴 때 가장 좋은 방법은 끊임없이 행동 패턴을 바꿔서 상대를 헷갈리게 만드는 것이다. 예측 가능한 범위를 벗어날 때 상대는 당황할 수밖에 없다. 이쪽에서 본심을 내비치지 않으면 어떤 작전도 세울 수가 없기 때문이다.

선수를 빼앗기지 않으려면 선수를 치는 게 정답이다.

실패의 위험보다
더 끔찍한 건
이러지도 저러지도 못한 채
허송세월하는 것이다.
도전이든 포기이든
어느 한쪽을 선택하지 않으면
영영 다른 기회는 오지 않는다.

우유부단한 습성을 가진 인간의 특징은 무엇이든 핑계를 대기 좋아하는 것이다. 날씨가 맑으면 맑은 대로, 흐리면 흐린 대로 결단을 못 내리는 이유가 반드시 등장한다. 변명은 기막히게 찾아내지만, 행동은 고장 난 시곗바늘처럼 한없이 늘어지는 게 체질로 굳어진 탓이다.

'한 번이라도 저 산꼭대기에 올라서 보고 싶다!'

이런 바람을 가진 사람이 등산하다 낙상할까 봐 주저한다면 죽는 날까지 정상에 오르는 기쁨은 맛볼 수 없다.

우유부단한 태도만큼이나
위험한 건, 무모하게 밀어붙이는 것이다.

우격다짐이 능사는 아니다. 승산 없는 싸움에 매달리기보다
전략적으로 포기할 줄도 알아야 한다.
인생은 매 순간 선택의 연속이다.
물러날 때와 나아갈 때를 명확히 구분할 수 있어야
낭패를 면할 수 있다. 아니다 싶으면
과감하게 패를 던지는 결단이 필요하다.

논쟁에서 밀리는 경우는 대개 자신의 감정을 억제하지 못할 때다. 감정적인 상태에서 이루어지는 대화는 드러내선 안 되는 본심을 들키기 쉬운 위험이 따른다. 상대의 마음을 알고 싶다면 이 위험을 역이용하는 것이 효과적이다.

좀처럼 본심을 드러내지 않는 사람이라도 감정적 상태에서는 허점을 노출하게 마련이다. 상대의 진의를 캐내고 싶을 때 반론만큼 유용한 도구도 없다. 예리한 반론은 애매하게 말을 흐리거나 속셈을 숨기려는 상대를 자극하여 기어이 입을 열게 만든다. 궁지에 몰리면 일단 눈앞의 상황부터 모면하고자 하는 심리가 발동하기 때문이다.

**상대의 본심을
살피기 위해
적당히 덫을 놓는 것도
관계를 발전시키는
촉진제가 될 수 있다.**

서양 격언에 이런 말이 있다.

'사람은 타인을 사랑하는 데
인생의 반을 쓰고, 나머지 반은
타인을 비난하는 데 쓴다.'

칼에 베인 상처는 언젠가는 아물지만, 사람의 혀에 베인 상처는
죽을 때까지 아물지 않을 수 있다.

말 한마디가 천 근의 무게를 갖는다고 했다. 내 입에서 나오는 말
도 한 번 남의 귀에 들어가면 쓸어 담을 수 없다. 그때부턴 말이
날개를 달고 제멋대로 날아다닌다.

한 마디를 가지고 열 마디를 추측하는 게 소문의 속성이다. 사람
들은 남의 허물을 들춰내는 데는 적극적이면서 오해를 바로잡는
데는 소극적인 경향이 있다.

누군가에 대해 부정적인 말을 옮기는 순간 억울한 피해자가 한
명 더 늘어난다는 사실을 명심하라.

사람의 욕망이란 끝이 없다. 그 사실을 알면서도 스스로 자신을 억제하기란 쉬운 일이 아니다. 욕심에 눈이 어두워지면 술 취한 사람과 다를 바가 없다. 브레이크가 풀린 자동차처럼 폭주하다 결국은 진창에 빠지고 마는 것이다.

다 가지려다가
다 잃을 수 있다.
어느 정도 목표를
이루었다 싶으면
적당한 지점에서
쉼표를 찍고
자신을 돌아보자.

처지를 바꿔보면 이해하지 못할 일이 없다.
내가 싫어하는 것은 남도 싫어하고, 나한테 아픈 것은 남에게도
아프다. 이런 사실을 헤아린다면 싸움이나 갈등이 생길 까닭이
없다.

독단에서 벗어나는
가장 빠른 길은
상대의 입장에
서보는 것이다.

다산 정약용은 배려에 인색한 세태를 이렇게 꼬집었다.
'사람들은 가마 타는 즐거움만 알지, 가마를 메는 괴로움은 알지
못한다.'

물고기는
입으로 미끼를 물고
사람은 입으로
재앙을 문다고 했다.
비굴해지거나
화내지 않고도
자신을 지킬 방법은
얼마든지 있다.

드센 말투로는 논쟁에서 승리할 수 없다. 부드러운 말투와 조용한 태도로 상대를 압도하라.
맹렬한 공격은 상대의 잘못을 가리고 나의 결점만 부각시킨다. 진실을 무례로 만들지 않으려면 아무리 화가 치밀어도 에둘러 말하는 여유가 필요하다.

《돈키호테》는 늙은 기사의 입을 빌려 타락한 세상을 풍자한 세르반테스의 소설이다.

돈키호테는 가는 곳마다 좌충우돌하며 엉뚱한 기행을 벌인다. 사람들은 그가 기사도에 관한 소설에 탐닉하다 정신이 이상해졌다고 믿는다. 돈키호테는 그런 사람들에게 의미심장한 반문을 던진다.

"도대체 누가 미친 거요? 장차 이룩할 수 있는 세상을 꿈꾸는 내가 미친 거요, 아니면 세상을 있는 그대로만 보는 사람이 미친 거요?"

그가 꿈꾸는 세상은 이상에 불과했고 모험은 헤프닝의 연속이었다. 하지만 그는 언제나 새로운 모험을 찾아 떠나곤 했다.

소설《돈키호테》가 세계적으로 사랑 받는 이유는

변화를 즐기는
그 열정 때문이다.

산다는 것은
변화 그 자체이다.
변화 없이는 진보도 없다.

변화를 거부하는 삶은 고인 물에 갇힌 물고기와 같다. 죽음만이
인간을 변화로부터 자유롭게 해준다.
아침에 일어나 제일 먼저 드는 생각이 그날 하루의 기분을 결정
한다. 어떤 날은 공연히 들뜨고 설레기도 한다. 혹은 똑같이 반복
되는 일상이 지겹다는 생각이 들 수도 있다.

모든 건 마음먹기에 달렸다. 어두운 생각을 밝은 생각으로 바꾸
면 하루가 즐겁다. 인생의 행복은 어느 먼 미래에 결정되는 게 아
니다. 그것은 언제나 지금, 이 순간 당신이 어떻게 변화하는지에
달려 있다.

마음 한 가지로
안되는 게 없다.
절망도 쉽고 포기도 쉽다.
어차피 내 마음을 갖고
하는 일이다.

그 쉬운 일을 희망과 도전이라는 단어로 바꿔보는 것 역시 어렵지 않은 일이다.

마음은 승자와 패자의 길을 가르는 분기점이다. 절망하고 포기하는 사람에게 인생은 뒤로 가는 자동차와 같다. 차가 뒤로 간다면 끝은 뻔하다. 블랙홀에 빠진 것이다.

블랙홀에서 탈출할 방법은 간단하다. 절망을 희망으로, 포기를 열정으로 바꾸는 것!

길이 보이지 않는다고, 해봐야 안된다고 속단하지 말자.

위기를 기회로 만드는 기적의 핵심은 끊임없는 자기혁신과 뚝심이다. 남들이 1년 걸려 하는 일을 10년 걸려 이루더라도 그 인생은 승리한 것이다. 어쨌든 인생은 흘러간다.

스스로 포기하고 주저앉는다고 해서 가혹한 현실이 달라지진 않는다. 그렇게 넘어져 있는 상태로는 아무 곳에도 갈 수 없다. 왜 내 인생은 이 모양 이 꼴이냐고 푸념해봤자 답은 안 나온다. '왜'냐고 투정하는 대신 '그래도' 내가 살아야 할 이유를 생각해보자. 상황이 어떻든 중요한 건 지금부터의 인생이다. 불평만 하지 말라. 비생산적인 고민에 사로잡혀 자신을 넘어뜨리지 말라. 지금 이 순간 스스로를 추스르지 않으면 언제까지나 넘어진 채로 있어야 한다.

> 남보다 가진 게 적다는 것은
> 그만큼 열심히 살아야 할 이유가
> 많다는 뜻이기도 하다.
> 무엇엔가 도전해볼 이유도,
> 가치도 없는 인생이란
> 얼마나 심심한가.

'좋은 때'는 늘 사람을 따라다닌다. 하지만 많은 이가 하찮은 일에 정신 팔려서 주머니 속에 든 백지수표를 빨랫감과 함께 세탁기에 넣어버리는 것과 같은 실수를 저지른다.

인생을 바꿔줄 기회라는 손님은 언제, 어느 때, 어떤 모습으로 찾아올지 아무도 모른다. 더구나 이 손님은 노여움을 잘 타서 자기를 금방 알아보지 못하면 한순간 등을 돌린다. 모처럼 찾아온 중요한 기회를 놓치지 않으려면 항상 주변을 향한 눈과 귀를 열어두어야 한다.

성공하는 사람은
그 '무엇'인가를 이루기 위한
노력을 끊임없이 한다.
깨어 있기에 적시에 기회를 잡는다.

비관적인 생각이 비관적인 미래를 만든다. 될 일도 안된다고 생각하면 결국 그렇게 된다. 계획에 차질이 생겼다면, 게을렀거나 불성실했거나 어쨌든 책임은 당신에게 있다. 그렇다고 너무 자신을 책망하지는 말자. 지나친 낭패감에 젖어 자신을 깎아내리지도 말자.

자책감이나 후회는 앞으로 나아가는 데 필요한 자극제로만 써먹어라. 시간 탓, 환경 탓만 하는 망상은 게으름의 또 다른 이유가 된다. 늦었다고 생각될 때 무엇보다 필요한 것은 한 걸음이라도 내딛는 것이다. 대책도 없이 걱정만 하면서 에너지를 낭비할 시간이 없다.

'이미 때가 늦어서 아무것도 할 수 없다'는
생각 대신 '늦었지만 이제라도 해낼 수 있다'는
자신감으로 상황을 리드하라.

좀 다른 인생을 살고 싶은가?
방법은 간단하다.
이제부터라도 어제의 못난 습관을
과감히 없애라. 나 자신을 바꾸기 위해
버릴 게 있으면 지금 당장 버려야 한다.
행운이 오기를 기다리지 말라.
행운은 '오는 게 아니라 찾아내는' 것이다.
뻔한 말에 진리가 있다.
진정으로 어제와는 다르게 살고 싶다면,
지금부터 다르게 살라!

사실, 살아가면서 부딪히는 문제들은
그렇게 거창한 것이 아니다.
따지고 보면, 문제와 답을
동시에 갖고 있으면서 우왕좌왕하는 게
보통 사람들의 삶이다.
돈 때문에 생긴 걱정은 돈을 벌지 않으면
해결할 수 없다. 지금 당장 없는 돈이
걱정한다고 어느 날 갑자기 하늘에서
떨어질 리는 없다. 한 푼이라도
부담을 줄이려면 한 푼이라도 버는 수밖에 없다.
간단한 답을 앞에 두고 백날
'왜 나는 이게 잘 안될까?' 고민해봤자
허비하는 것은 딱 그만큼의 시간이다.
잘나가는 인생의 비결은 별거 없다.
문제가 생겼을 때 답을 찾아 생각하고
실행하는 것이다.

살면서 '어쩌다 내 인생이 요 모양 요 꼴이 되었느냐'고 푸념하지 말라. 잘 생각해보면 당신의 인생도 괜찮다. 자존심을 세우고 경쟁심을 발동하라. 세상의 중심에 서겠노라 가슴속 오기를 활활 불태워라. 원망의 늪에서 벗어나 승부의 세계로 자신을 끌어올려라.

생각이 바뀌면 얼굴도 바뀐다.
얼굴이 바뀌면 사람들의 시선도 달라진다.
당당하게 자기 일에 승부를 걸어라.
지금 날 업신여기는 상대를
확실히 밟아줄 날을 상상하며 자신을 부추겨라.
오기를 제대로 부려라.
그것은 성공의 윤활유가 된다.

행복은 지금 이 순간의 나 자신을 그대로 인정하는 데서 시작된
다. 인간이 동물과 다른 점은 자신이 어떤 생각을 하고 있는지 안
다는 것이다. 나쁜 생각은 아직 마음에서 처리되지 않은 불량 정
보에 불과하다. 불쾌한 이미지가 떠오르거든 그것이 마음에 자
리를 잡기 전에 완전히 삭제하라.

행복 혹은 불행은
마음 가는 대로 따라가는 법이다.
스스로 불행하다고 느끼지 않으면
아무리 어려운 환경 속에서도
자존감을 잃지는 않는다.
우리는 누구나 있는 그대로 소중한 존재다.
다른 누구와 비교해서 자신의 가치를
함부로 단정 짓는 어리석은 인간이 되지 말라.

행복의 법칙은
우리가 알고 있는 것보다
훨씬 단순하다.
힘들게 하는 생각 자체를
무시해버리고 기분 좋은
생각으로 바꿔보자.
생각이 행복해야
더불어 인생이 즐겁다.

세상에 자기 자신만큼 이기기 어려운 상대는 없다고 하지만, 남의 마음을 움직이는 것에 비하면 백배 천배 쉬운 일이다. 당신의 마음은 온전히 당신 것 아닌가.
밝은 길을 놔두고 어두운 쪽으로 시선을 돌리려는 그 마음의 방향만 제대로 잡고 있으면 된다.

미국의 한 연구소에서 스트레스가 미치는 영향을 알아보기 위해 동물실험을 했다.

질 나쁜 콜레스테롤이 다량 함유된 고기를 두 실험군에 먹였는데, 한쪽은 편안한 음악을 들려주며 기분 좋은 자극을 주었고 다른 한쪽은 사나운 짐승의 울음소리를 들려주며 나쁜 자극을 주었다.

기분 좋은 자극을 받은 동물들에겐 별다른 양상이 안 보인 반면, 공포 분위기의 나쁜 자극을 받은 동물들은 눈알이 터질 정도로 극심한 스트레스를 받다가 비실비실 죽어갔다.

사람에게나 동물에게나 스트레스는 만병의 근원이다.

심약한 사람은 아주 작은 자극에도 스스로 마음속 불안을 증폭시켜서 모든 것을 엉망으로 만든다. 더더욱 최악인 것은 본인의 스트레스를 고스란히 주변 사람들에게 옮기는 거다.

**결국 가장 피해 보는 이는
아이러니하게도 자신이 아닌,**

당신을 가장 아끼고 사랑하는
주변 사람들이다.

자신은 물론 주변인들을 위해서라도 지레 겁먹지 말라. 불안해한다고 빨간불이 파란불로 저절로 바뀌지 않는다. 일이 닥치면 닥치는 대로 살아갈 길은 있다!

최소한 매일 퇴근하기 위해서 출근하는 사람은 되지 말라. 하루하루가 단지 먹고살기 위한 시간의 연속이라면 그보다 불행한 삶도 없다. 도무지 일에 열정을 가질 수 없다면 당장 관두는 게 자신과 회사를 살리는 길이다. 내가 행복해야 회사도 행복하다. 회사 사장은 내 부모가 아니다. 내 상황에 상관없이 회사가 원하는 건 실적이다. 일하는 게 즐겁지 않은 사람을 먹여 살리기 위해서 책상을 내줄 회사는 어디에도 없다.

회사 조직엔 감정이 없다. 각 개인이 일궈놓은 성과를 근거로 모든 평가가 이루어질 뿐이다. 그러니 이왕 회사생활을 할 거라면 제대로 하여 결과로 말하라.

성격이야 어떻든
그건 그 사람의 개성이다.
살아가는 데
문제가 되지 않는다면
굳이 성격을 고칠 필요는 없다.

그러나 사회생활에 장애가 된다면 반드시 개선해야 한다. 못된 성격은 몸에 밴 나쁜 습관과 마찬가지라, 스스로 떨쳐내지 않으면 평생 고질병처럼 따라다닌다.

성격을 개선하는 최선의 방법은 타인에 대해서는 긍정적인 마음을 갖고, 자신에 대해서는 객관적 시선을 유지하는 것이다. '역지사지(易地思之)' 마인드로 인간관계에 관하여 일기를 써보는 것도 성격 개선에 도움 될 수 있다. 차분하게 자기를 돌아보면 반성할 점이 떠오르게 마련이다.

싸움이 일어나는 요인 중 하나는
'상대가 기대를 저버렸기 때문'이다.
열린 마음으로 다가서면 싸움이란 있을 수 없다.
대개 억눌렸던 감정이 폭발할 때 싸움이 일어난다.

먼저 상대를 이해하려는 마음을 가지면
감정을 억누를 필요조차 없다.

감정을 억누를 필요가 없으면 폭발할 일도 없다.

타인의 기준 따위는 무시해라.

당신 자신에 대한
전문가는 당신이다.

모든 것이 안 좋아 보여도
스스로 포기하지만 않으면
결과는 얼마든지

뒤집을 수 있다.

감당하기 어려운 상황이라고 핑계 대며 달아나지 말라. 포기는 언제든지 할 수 있다. 그대로 주저앉지 말고 자신이 원하는 상황을 찾아내라.

포기를 늦출수록 위기를 기회로 만들 시간은 많아진다. 울면서도 계속 가야 하는 게 삶이다.

너무 힘들어 그만두고 싶다는 생각이 들 땐 한 번만 더 그 일에 미쳐보자. 그 '한 번'이 당신을 목표 고지로 번쩍 들어 올려주는 지렛대가 될 것이다!

인생에서 중요한 결정을 해야 할 때마다 우리 대부분은 불안감을 느낀다. 이는 그 결정이 잘한 것인지 확신이 서지 않기 때문이다. 이를 극복하기 위해선 사소한 것 하나라도 신중하게 검토하고 충분히 고민하는 시간을 가져야 한다. 그런 다음 신념을 가지고 당당하게 스스로 택한 길을 가는 것이다.

미국의 철학자이자 심리학자인
윌리엄 제임스는 말했다.
"신념이 사실을 창조해낸다.
자신이 틀렸다는 오해는 하지 말라."

행복한 인생을 살기 위한 핵심 자원은 우리 내부에 있다. 갑작스런 위기가 닥쳐왔을 때 상황을 벗어나는 건 본인의 마음가짐에 달려 있다. 혹여 그 위기의 원인이 자신에게 있다 해도 너무 자책하지 말자. 원인이 자신에게 있으면 빠져나갈 방법도 자신에게 있다.

영국의 시인 존 밀턴은 44세에 시력을 완전히 잃었다. 사람들은 평생 책과 함께 산 그가 실명했다는 사실을 몹시 안타까워했다. 그는 사람들에게 말했다.

"안 보이게 되었다 하여
지금 날 불쌍히 여기지 말아주세요.
내가 좌절한다면, 그때 '저 사람은
참 불쌍한 인간이다'라고 말해주세요."

15년 뒤, 그는《실락원》이라는 대작을 완성했다.
절망을 하루 미루고 결심한 도전은 새로운 인생의 터닝 포인트가 된다. 서두를 것 없다. 마지막 선택은 언제든 할 수 있다. 우울하고 지루한 자책의 시간 속에 자신을 가두지 말라. 절망은 하루만 미루고 희망에 집중하라.

영화 〈아리조나 드림〉에 이런 말이 나온다.

"그 사람의 영혼을 알고 싶다면 그가 가진 꿈을 보라."

자기도 모르게 미친 짓을 하지 않은 이상, 자고 일어나 보니 유명 인사가 되어 있는 행운 따위는 없다.

자수성가한 이들의 성공은 그냥 이루어진 것이 아니다. 그들은 팔자 탓을 하는 대신 적극적으로 성공의 씨를 뿌려 싹을 틔우고 가꾸었다.

그들이 대성한 까닭은 그 누구보다 자신의 꿈을 사랑하며 매 순간 성공을 준비했기 때문이다.

20세기 최고의 테너로 손꼽히는 플라시도 도밍고. 그는 1975년 함부르크에서 〈오텔로〉를 공연할 땐 무려 150시간을 연습한 다음 무대에 섰다. 사람들은 그가 노래 연습에 지나치게 많은 시간을 투자해 성대에 이상이 생겼을 것이라 수군댔다.

결국 공연을 망칠 거라는 사람들의 예상은 보기 좋게 빗나갔다. 〈오텔로〉는 대성공이었고, 도밍고는 '살아 있는 최고의 연기자'라는 찬사를 받았다.

도밍고는 자신의 노래와 연기에 작곡가의 혼을 실었다. 그런 노력 덕분에 그는 오페라 전설로 통하는 카루소조차 평생 한 번도 해보지 못한 〈오텔로〉의 단골 주연이 될 수 있었다.

사소한 것을 지나치게 신경 쓰느라 중요한 일 진행에 차질을 빚는 걸 이른바 '디테일 증후군'이라고 한다.

완벽을 추구하는 것까진 좋다. 단, 지나치게 사소한 것에 발목 잡혀 일의 다음 단계를 진행하지 못한다면 이는 심각한 문제가 아닐 수 없다. 이러한 집착은 자신뿐만 아니라 남에게도 큰 피해를 준다.

일의 흐름을 큰 틀에서 바라보라. 작은 일도 중요하지만, 더 중요한 것은 큰일이다.

뭐든지 과하면 문제가 된다. 타인에 대한 걱정, 불안, 근심에서 헤어나지 못하는 것도 일종의 강박 장애다. 심할 경우 상대의 사소한 실수를 부풀려 생각하고 무슨 일이 생길 때마다 그 실수와 연관하여 사람을 믿지 못하는 습관이 생긴다. 이런 상태에서 벗어나려면, 나무도 보고 숲도 보는 안목을 키워야 한다.

착각하지 말자. 하나를 보고 열을 정확히 알 수 있는 사람이란 없다. 남 일에 너무 깊이 들어가려는 것도 상대의 인격을 모독하는 감정적 폭력이다. 상대가 조금 서툴더라도 너무 불안해하지 말자.

누구도 자기 인생을
남이 대신 살아주길
원치는 않는다.
나 하나쯤 없어도
세상은 잘 돌아간다.

"내가 일부러 그런 것도 아닌데 뭘 그렇게 흥분하고 그래?"

이는 잘못은 자기가 해놓고 상대가 따지고 들면 악의가 없었다는 이유만으로 문제를 덮으려는 사람들이 흔히 쓰는 말이다. 심지어 상대의 옹졸함을 탓하며 훈계를 늘어놓는 사람도 있다. 대부분 그런 이들은 친구가 없다.

솔직하게 실수를 인정하는 것만으로도 관계 악화를 막을 수 있다. 무심코 저지른 실수는 진짜 문제가 아니다. 그보다 더 심각한 문제는 상대방에게 상처를 주고도 대충 넘어가려는 '적반하장(賊反荷杖)'이다.

이는 사람을 밀어내는 원흉 중의 원흉이다.

이른바 인기 있는 이들에게는 기본적으로 사람을 소중히 하는 마음을 갖고 있다. 가까운 사이일수록 예의를 지켜 최선을 다하고, 사소한 그 어떤 것 앞에서도 배려하고, 상대의 기분이 상하지 않도록 언행에 주의한다. 그들은 남을 섬기는 만큼 자기도 인정받는다는 인생의 진리를 잘 알고 있다.

소중한 관계를 유지하려면 내가 먼저, 더 많이 상대를 위할 줄 알아야 한다.

어떤 사람을 내 편으로 만들고 싶다면 최선을 다해 그를 섬겨라. 상대의 마음을 움직일 수 있다면 그가 가진 모든 장점을 당신의 것으로 만들 수도 있다.

말은 입에서 나오는 씨앗이다. 뿌린 대로 거두는 법이다. 표현하지 않은 속마음을 알아주기 바라는 것은 상대방에게 문제도 없는 백지를 내주고 왜 정답을 알아맞히지 못하냐고 따지는 것과 같다.

'개떡같이 말해도 찰떡같이 알아듣기'를 바라는 건 과욕이다.

개떡같이 말하면 개떡같이 알아듣는 게 당연하다.
진심을 다해 말하라. 그래야 진짜 통한다.

화를 다스리는
가장 좋은 방법은
시간을 되돌리는 것이다.

화났다면 화나기 이전의 상태를 돌아보면 답이 나온다. 상대가
화내고 있다면 역지사지로 돌아볼 때 화를 풀어줄 길이 열린다.
모든 문제는 대화에서 비롯된다. 상대가 내 말을 오해했을 수도
있고, 내가 상대의 말을 오해했을 수도 있다. 말로 말미암은 오해
는 말로 푸는 게 상책이다.

좋은 관계를 망치지 않겠다고 무조건 참는 게 능사는 아니다. 화
가 쌓이면 독이 된다. 말로 풀지 못한 앙금은 파국으로 이어지게
마련이다. 할 말은 하고 살자. 단, 아무리 화가 나더라도 지나치
게 적나라한 표현은 삼가라.

살다 보면 누군가의 '노'가 또 다른 누군가의 '예스'보다 더 와 닿을 때가 있다. 귀에 거슬리는 말을 듣고도 마음이 상하지 않는 건 그 상대의 말 속에 호의가 있기 때문이다.

말은 곧 마음의 소리이다. 상대방을 끌어안으려는 마음이 없으면 고운 소리가 나오기 어렵다. 억지로 예의 있는 척하는 말은 결국 티가 나게 마련이다. 무뚝뚝한 '예스'보다는 호의가 담긴 '노'가 한결 위로가 된다.

기분 좋은 대화를 위해 말의 시소를 타라. 상대를 높이 올려주면 나도 높이 올라갈 수 있다.

공자는 사람의 혀를 화살에 비유했다. 한 제자가 왜 칼이 아니고 화살이냐고 묻자 공자는 이렇게 대답했다.

"친구 사이에 말실수로 말미암은 분쟁이 생겼다. 그중 한 사람이 분개하여 친구를 죽이려고 칼을 뽑았다. 이때 상대가 진심으로 용서를 빌면 화가 누그러져 그 칼을 도로 집어넣을 수도 있다. 그러나 이미 쏘아버린 화살은 나중에 후회한다 해도 다시는 돌이킬 수 없기 때문이다."

칼은 가까이 있는
사람만 해치지만
험담은 그 자리에
있지도 않은
사람까지 해친다.

편견이란 일방적인 상상력의 산물일 뿐이다. 사람이 늘 한결같을
순 없다. 특히 감정의 기복이 심한 사람은 온순하고 내성적인 성
격의 이면에 자신도 모르는 화약고를 숨겨놓고 있을 수도 있다.

자기 눈에 비치는 모습만으로 남에게 편견의 올가미를 씌웠다가
결과적으로 그 덫에 걸려드는 건 자기 자신이다.

모든 갈등의 해법은
사실 단순하다.

'사람이니까 그럴 수도 있다'고

상대를 객관화하여 바라보는 것이다.

한낮의 밝은 태양이 지고 날이 저물어가는 것을 보고 배신감을 느낄 사람은 아무도 없다. 밤이 가면 아침이 온다는 자연의 뻔한 이치를 실생활에 적용한다면 굳이 누굴 미워하거나 원망할 이유도 없을 것이다.

95세의 한 노인이 영어를 배우기 시작했다. 그는 지금 영어를 배우지 않으면 훗날 또다시 회한이 남을 것 같았다.

모든 일에는 때가 있다고도 하지만 그 말은 늦게 시작할수록 노력을 더 많이 해야 한다는 뜻으로 해석할 수 있다. 위대한 도전자들은 남들이 가장 늦었다고 생각할 때 스스로 떨치고 일어났다.

늦었다고 생각될 때가
가장 빠른 때다!

일이든 운동이든 열심히 하는 것도 좋지만 적당한 선에서 한 박
자 쉬어야 할 타이밍을 놓치면 문제가 생기게 마련이다. 일 중독,
운동 중독 등 부작용이 따르는 것은 만족을 모르는 인간의 욕구
때문이다.

이러한 중독을 예방할 방법은 사실 간단하다. 성과에만 연연해
하지 말고 모든 일의 과정을 즐기는 습관을 들이는 것이다. 증권
가에는 '쉬는 것도 투자다'라는 말이 있다.

일도 운동도
스스로 즐길 수 없다면
괴롭기만 한
노동에 지나지 않는다.

관점을 달리하면 상대를 보는 마음의 평수도 넓어지게 마련이다. 상대를 살리면서 자기 입장도 긍정적으로 바라볼 여유를 갖게 되면 최소한 죽을 만큼 싫은 꼴은 면할 것이다.

보기 싫은 나그네, 가는 골목마다 만난다고 했다. 홧김에 잘라버린 인맥, 그 상대를 언제 어디서 어떻게 다시 마주칠지 모를 일이다.

화는 참지 말고 스스로 녹여 없애라.
차근차근 갈등의 고리를 풀다 보면
문제는 결국 사라질 것이다.

스스로 잘될 거라고 믿어야 결과도 좋게 나타난다. 자기 능력도 믿지 못하는 사람이 긍정적인 성과를 기대하는 건 어불성설이다.

어차피 넘어야 할 산이라면 즐겁게 가보자. 힘들고 아픈 곳만 바라보고 있으면 더 힘들고 더 아프게 느껴진다. 왜 이렇게 일이 안 풀리느냐고 불평하지 말고 모든 게 차차 나아질 거라고 스스로 격려하라. 골치 아픈 생각을 떨쳐내는 것만으로도 큰 힘이 될 것이다. 모든 일은 생각대로 돌아가는 법이다. 괜찮다고 생각하면 괜찮은 일이 생긴다. 의심하고 걱정할 시간에 크게 한번 외쳐라. "괜찮아, 다 잘될 거야!"라고.

믿었던 사람에게 뒤통수를 맞았다면 자신에게도 문제가 있는 것이다. 설령 상대가 작정하고 사기를 쳤다 해도 애초에 그 상대방을 믿고 허점을 보인 것은 자신의 잘못일 테니까. 사람이 다 내 마음 같지는 않다고 보고 판단을 신중하게 했더라면 일이 그토록 험한 지경에 이르진 않았을 것이다.

본의 아니게
남한테 상처받는 일이 잦은 경우,
자신에게 문제가 있는 건 아닌지
점검할 필요가 있다.

모든 인간관계에서
'사람이 다 내 맘 같을 거'라는
과도한 믿음은
경계하고 또 경계해야 한다.

존재감 없이 살아가는 것만큼 허망한 인생도 없다.

반려동물은 존재 자체만으로 주인의 무한한 사랑을 받는다. 그러다 점점 나이가 들어 병치레가 잦아지고 죽을 날이 가까워오면 주인의 상심도 깊어진다. 언젠가 떠날 것을 알면서도 이별을 떠올리기가 애달프고 고통스러운 것이다.

그렇다. 동물도 든 자리, 난 자리는 표가 나게 마련이다. 그것이 존재감이다.

하물며 사람이다. 세상 누구도 당신의 가치를 대신할 순 없다.

세상에 쓸모없는
존재란 없다.
그러니 오늘부터
당신의 존재감을
다시금 드러내라.

세상을 살아가는 데 그리 대단한 게 필요한 것은 아니다. 세련되고 고상한 지식의 소유자라도 세상 돌아가는 일에 무지하면 뜬구름이나 잡는 '똑똑한 바보' 취급을 받기 십상이다.

머리에 든 게 많다고 자부하는 사람일수록 남한테 쉽게 속아 넘어가는 것도 같은 이치이다.

> **기본에 충실하지 않은 지식은 곧 바람에 날아갈 모래 알갱이나 마찬가지다.**

어느 바닷가 모래사장에 떨어진다 해도 고만고만한 알갱이로 존재감 없이 묻혀버리는 것이다.

어떤 일을 하든지
한쪽에만 치우쳐서
몰두하는 것은 좋지 않다.
한 가지 일에만
얽매이다 보면 중요한 걸
놓칠 수가 있다.
목표를 잊지 않으면서
적절하게 휴식도
취할 줄 아는
균형 있는 생활이
인생을 풍요롭게 만든다.

《장자》에 이런 말이 있다.
'군자의 교제는 맑은 물과 같이 담담하고, 소인의
교제는 단 술과 같이 달콤하다.'

단 술은 입에 잘 넘어가지만, 곧 싫증 나게 마련이다.
이런 류의 사람 또한 사귀기 쉬울뿐더러 헤어지기도 쉽다.
물은 특별한 맛이 없어도 싫증이 나지 않는다.

바람직한
인간관계란
처음과 나중이
한결같아야
한다.

《사기》에 이런 말이 있다.
'군자는 교제를 끊더라도 남의 험담을 하지 않는다.'
험담에는 속성상 배려, 이해, 동정심, 연민 등이 배제되어 있다.
험담을 즐기는 사람들은 상대를 웃음거리로 만들어야 직성이 풀
리는 못된 심리를 품고 있다.
상대의 문제를 자기 일처럼 생각하는 사람이라면 절대로 험담의
소재가 될 이야기를 입에 올리지 않는다.

자기도 모르게 험담의 도마 위에
오르지 않으려면 남을 헐뜯기
좋아하는 사람과는 되도록 거리를 두라.

중국의 병법서 《오자》에 이런 말이 있다.
'먼저 화합하고 난 후에
대사를 도모한다.
훌륭한 지도자는 부하들의 단결과
결집을 유도하는 데 힘써야 한다.'

경쟁에서 이기려면 먼저 조직 구성원들의 마음을 일치시키고 같은 방향으로 나아가게 해야 한다. 이것이 리더의 책무이다. 요컨대 리더는 화합을 이끌어내는 사람이다.

진정한 사랑은
자신의 소중한 것 모두를
아낌없이 내주는 거다.
영국의 대문호
로버트 루이스 스티븐슨은 말했다.
"헌신이야말로 사랑의 연습이다.
헌신에 의해 사랑은 자란다."

살다 보면 때때로
선한 거짓말을 해야 할 때가 있다.
종종 선한 거짓말은
상대에게 약이 되기도 한다.
그 어떤 진실이 상대를 고통스럽게
할 거라면, 그를 위해
'팩폭'은 잠시 접어두자.

리더는 결단을 내려야 할 때 과감해야 한다. 주요한 시점에서 갈 피를 못 잡고 우왕좌왕한다면 문제는 더 심각해질 수밖에 없다.

정확하고 빠른 판단을
내리기 위해선 다양한
정보를 취합해야 한다.
리더가 어느 한쪽에만
치우친 정보에 의존하면
잘못된 판단을 내리기 쉽다.

무엇보다 필요한 건 균형 감각이다. 이러한 냉정을 바탕으로 신 속히 결단할 때 조직을 위기에서 구할 수 있다.

유능한 사람은 항상 적절한
대책을 세워 화를 미연에 방지하고,
매사 공평무사한 태도로 임하는
까닭에 사람들의 지지를 얻는다.
무능한 사람은 항상 대범하지 못하여
그 대응이 뒤처지고, 엉뚱한 인물을
신뢰하는 탓에 뜻있는 사람들로부터
외면당한다. 당신은 과연
유능한 사람인가, 무능한 사람인가?

'질풍이 불어올 때라야 경초(勁草, 억센 풀)를 분별할 수 있다.'

이는《후한서》의 한 구절로, 지조가 강한 사람을 빗댄 말이다. 바람이 세게 불지 않는 날에는 이 경초가 구별이 안 된다. 그러나 강풍이 부는 날에는 약한 풀은 쓰러지고 경초만 꼿꼿하게 서 있는 것을 볼 수 있다. 강한 풀은 바람에 휘어지는 것 같다가도 이내 고개를 들고 일어난다. 세찬 바람이 불 때나 경초의 진가가 발휘되는 것이다.

사람도 마찬가지다.
어려운 상황이 닥쳤을 때
그 사람의 진면목이 드러난다.

자기주장이 강한 사람일수록 남의 말을 듣지 않는다. 사회인으로서 자기 의견을 밝히는 것은 탓할 바가 아니다. 문제는 매번 상대를 이겨 먹어야 직성이 풀리는 성격이다.

옳은 말도 지나치게 목청을 높이면 상대를 질리게 만든다.

넘치면 모자람만 못하다고 했다. 때론 장점도 단점이 될 수 있다. 적당히 의견을 피력했으면 한 발짝 물러날 줄도 알자. 그래야 원만한 인간관계를 이룰 수 있다.

《채근담》은 바람직한 대인관계를 위해
반드시 지켜야 할 세 가지를 밝혀놓았다.

첫째, 작은 과실을 책망하지 말라.
둘째, 남의 비밀을 파헤치지 말라.
셋째, 지나간 과실을 따지려고 들지 말라.

이 세 가지 원칙을 지킨다면,
자신의 인격을 높일 수 있을뿐더러
남에게 원한 살 일도 없을 것이다.

하나라의 걸왕은 말희라는 미녀에게 빠져 정사를 내팽개쳤다가 끝내 은나라 탕왕에게 나라를 빼앗겼다. 은나라의 주왕 역시 달기라는 미녀에게 빠져 허랑방탕한 세월을 보냈다.

"왕께서 정사를 등한시하고 백성을 돌보지 않으니 나라의 앞날이 위태롭습니다."

서백은 충심으로 간언했으나 오히려 주왕의 미움을 사 귀양을 갔다. 그는 귀양을 가기 전 마지막으로 이런 말을 남겼다.

"은나라의 거울은 먼 데 있지 않습니다. 하나라 걸왕 시대를 살펴보소서!"

하지만 주왕은 끝내 그 충고를 듣지 않다가 나라를 잃은 폭군으로 역사에 남았다. 서백은 훗날 은나라를 멸망시킨 주나라의 문왕이 되었다.

한 남자가 칠흑 같은 밤길을 걷고 있었다. 그때 맞은편에서 장님이 등불을 들고 걸어왔다. 그는 고마우면서도 이상한 생각이 들어 장님에게 물었다.

"당신은 앞을 볼 수가 없는데, 어째서 등불을 들고 다니지요?"

"내가 이 등불을 들고 걸어가야 눈 뜬 사람들이 장님이 걸어가고 있다는 것을 알 수 있을 테니까요."

장님의 등불은
자신을 보호하기 위한 것이지만,
결국 자기 자신과
다른 사람들을 함께 돕는
도구가 되었다.

간디가 기차에 서둘러 오르다가 신발 하나를 플랫폼에 떨어뜨렸다. 기차는 이미 움직이기 시작했다. 간디는 나머지 신발을 벗어 떨어진 곳에 던졌다.
"선생님, 어찌 그러십니까?"
놀란 사람들의 물음에 간디가 말했다.

신발 한 짝은 누구에게도 쓸모가 없어요.
하지만 저렇게 두 짝이 되면 사정이 달라지지요.
가난한 사람이 줍는다면 더욱 좋은 일일 테지요.

광무제가 제위에 올라 낙양을 도읍으로 정했을 무렵이다. 당시 유분자는 전한의 수도 장안을 차지하고 있었으며, 외효는 농서에, 공손술은 촉에, 유영은 수양에, 이헌은 노강에, 장보는 임치에 할거하고 있었다.

그들은 저마다 스스로 황제라 칭할 만큼 세력이 커졌으나 광무제의 적수가 되지는 못했다. 공손술과 더불어 마지막까지 남아 있던 외효도 병으로 죽자 농서마저 광무제의 손에 들어왔다. 그때 광무제가 말했다.

"인간의 욕심은 끝이 없다더니 참말이로다. 내 이미 농을 얻고도 다시 촉을 바라고 있으니!"

이것이 '득룡망촉(得隴望蜀)'의 유래다.

고대 중국 진나라에 이밀이라는 청렴한 관리가 있었다. 그는 황제의 신임을 얻어 높은 관직에 제수되었으나 늙은 할머니를 봉양해야 한다는 이유로 거절했다. 황제는 계속 황명을 거역한다는 것에 격노했다. 그럼에도 이밀은 자기 뜻을 굽히지 않았다.

"까마귀가 그 어미의 은혜에 보답하듯, 조모께서 돌아가시는 날까지 봉양하고자 하는 신의 처지를 부디 헤아려주소서."

황제는 결국 이밀의 지극한 효심에 감동하여 그의 뜻을 받아들였다. 이것이 '반포지효(反哺之孝)'의 유래다.

주나라 선왕은 닭싸움을 좋아했다. 왕은 기성자라는 조련사에게 자기 닭을 최고의 싸움닭으로 키우도록 명했다. 그런데 기성자는 열흘이 지나도, 한 달이 지나도 닭을 내놓지 않았다.

"이놈이 제 기운을 믿고 사납기 그지없습니다."

40일이 지났을 때 마침내 기성자가 왕에게 고했다.

"이놈은 이제 다른 닭이 소리를 쳐도 무반응이라 마치 나무로 만든 닭과 같습니다. 그러니 다른 닭은 감히 가까이 오지 못하고 눈만 마주쳐도 달아나버립니다. 드디어 싸우지 않고도 이기는 최고의 싸움닭이 된 겁니다."

"옳거니! 싸우지 않고도 이기는 닭이라! 이놈이 무리 중 으뜸이 되었구나!"

그 옛날, 집에 먹을거리가 떨어지면 괴로운 가장은 새벽에 부잣집 마당을 쓸었다고 한다. 아침부터 쌀을 꾸기도 어렵고, 식구들을 굶길 수도 없으니 시키지 않은 일을 하면서 속을 태운 것이다. 가난한 집 가장이 그렇게 마당을 쓸고 가면, 부잣집 주인은 아랫사람을 시켜 슬그머니 보리쌀 몇 되를 퍼주었다. 가난한 가장은 일을 해주고 먹을거리를 구한 셈이고, 부잣집 주인은 생색내지 않고 친절을 베푼 셈이니, 서로 마음이 편하다.

남에게 신세를 지든 남을 돕든, 상대 입장을 헤아리며 더불어 산 조상들의 지혜가 필요한 요즘이다.

공자와 주자가 말하는 중용(中庸)의 본뜻은
중간을 뜻하는 게 아니라,

시류와 상황에 맞춰
적절히 운용하는 지혜를 말한다.
최상의 리더십은
때와 장소를 가려가며
운용의 묘를 이끌어내는 것이다.

조직의 상사라도 '호랭이 담배 피던 시절'에나 통하던
왕년의 상식으로는 제대로 된 리더십을 발휘하기 어렵다.

겸손을 가장하는
사람의 심리에는
이미 교만한 마음이
깃들어 있다.
골이 깊으면
봉우리도 높다고 했다.
스스로 높이려고
하지 않아도
골을 낮게 하면
산은 저절로 높아진다.

>>>>> ───── 분수를 망각하지 말라 ───── <<<<<

사람은 저마다 자신에게 걸맞은 일이 따로 있다.
분수를 망각하고 터무니없는 욕심을 부리면 자신뿐만 아니라 주
변에도 피해를 끼친다.
참다운 행복은 재화의 양에서 나오는 게 아니라 만족을 아는 데
서 나온다.

어리석은 인간은 앞뒤 안 가리고 눈앞의 이익만 쫓는다.
욕망에 눈이 먼 채 이익만을 탐하기에 매사 서두른다.
그러나 서둘러서 제대로 되는 일이란 없다.
장사꾼이 크게 벌려다 크게 밑지는 이유는 이 때문이다.

리더는 조직의 앞과 뒤를 두루 살필 수 있어야 한다. 주장해야 할 것은 단호하게 주장하고, 뒤에서 밀어줄 것은 아낌없이 지원해 줘야 한다.

상대의 의중을 헤아리지 못한 사소한 말 한마디, 사려 깊지 못한 행동 하나가 조직을 무너뜨리는 폭탄이 되지 않도록 세심한 주의가 필요하다.

대개 막중한 일은
진지하게 심사숙고하면서
작은 일은 쉽게 생각하는 데서
치명적인 착오가 발생한다.

경쟁에서 승리하기 위한 필수 요소 세 가지는

지(知)
용(勇)
인(仁)

이다.

'지'는 사물을 깊이 통찰할 능력과 상황을 적절히 처리할 능력을
합친 것이다.
'용'은 용기와 결단력을 말한다. 나아갈 때와 물러설 때를 냉철하
게 판단하고 실행에 옮기는 능력이다.
'인'은 인간적 공감을 뜻한다. 역지사지의 자세야말로 진실한 인
간관계의 기본이다.

이익을 추구하려면 가능한 한 주변의 이익도 같이 볼 줄 알아야
한다. 그래야 더 큰 성공의 발판을 마련할 수 있다.
혼자만의 이익 추구는 결국 바람직한 결과를 만들지 못한다.

무엇이든 '내가 먼저' 가지겠다고 하는 이기심이
언젠가는 자신을 맨 뒷자리에 서게 만든다.

나에게 이익이 된다면
남은 어찌 되든
상관없다는 태도는
결국
고립을 부른다.

맹자는 군자의 세 가지 즐거움을 다음과 같이 말했다.

"부모 형제에게 아무 재앙이 없을 것, 언제 어디서든 부끄러움 없는 태도로 살아갈 것, 주변의 뛰어난 인재를 발굴하여 그들의 성장을 도와줄 것."

요컨대 떳떳하게 도리를 지켜가며 더불어 살아가는 삶이 가장 가치 있고 즐거운 인생이라는 의미이다.

사람은 누구나 자기만의 안경으로 세상을 본다. 그러므로 일에 실패할 수도 있고 착오를 일으킬 수도 있다.

패자는 말이 없어야 한다고 하지만 이는 변명하지 말라는 뜻이다. 패자는 자신의 실패 원인을 정확히 알아내야 할 책임이 있다. 실패를 책임지는 방법은 두 가지다. 첫째, 자기 자신의 패인을 분석하고 방법을 세워야 한다. 둘째, 다른 사람이 똑같은 실수를 반복하지 않도록 그것을 공개해야 한다.

감정 처리가
명확한 사람은
뒷소리를
남기지 않는다.

앞에서는 침묵하고 뒤에서 불평하는 태도는
진정한 인간관계를 맺는 데 아무런 도움이 안 된다.
하고 싶은 말이 있으면 앞에서 직접 하고,
감당하지 못할 만큼 곤란한 말이라면 끝까지 입을 다물라.
제삼자를 통해 당사자에게 들어가는 말은 관계를
파국으로 치닫게 한다.

역사적으로 성공한 위인들은
하나같이 빼어난 재능의 소유자들이었다.
그중에서도 더 뛰어난 위인은
재능에 덕성을 겸비한 인물이다.
덕은 사업의 근본이요, 리더의 중요한 자질이다.
폭군으로 전락한 제왕 중
덕을 베풀었다는 기록을 남긴 인물은 없다.

덕성이 결여된 리더는
결코 그 생명력이 길지 못하다.

아랫사람을 자애롭게 대하며 중압감을 줄 정도의 강한 리더십은 조직을 통솔하는 데 결정적인 역할을 한다.

높은 자리에 있다고 함부로 권한을 휘두른다면 조직의 기강을 바로 세울 수 없게 된다. 아랫사람의 신뢰를 잃어 중요한 순간 권위를 내세울 수 없기 때문이다.

그렇다고 너무 자애롭기만 해서도 안 된다.

조직관리에
사적 감정이 개입될
여지가 많으면
긴장감이 사라지고 만다.
그렇기에 리더는 매사에
균형 감각이 필요하다.

상황은 항상 유동적이다. 현실이 만족스럽다고 해서 언제까지나 평안하리라는 보장은 없다. 평안한 상태가 계속 이어지면 정신적으로 해이해져 위기 대응 능력이 떨어지게 마련이다.

《채근담》에도 이런 말이 있다.

'지금의 평안이 지속된다고
생각하지 말 것이며,
처음 당한 곤경을 피하려고도
하지 말라.'

평상시에 저항력을 키워두면 어떤 상황도 유연하게 돌파할 힘이 생긴다.

어리석은 사람은 일이 다 되어도 눈치채지 못한다.
누가 자기를 해롭게 하는지도 모르고 멍하니 있다가 뒤통수를
맞는 건 상황 판단이 느리기 때문이다.
민첩한 상황 판단은 정보의 힘이다.

**필요한 정보를
내 것으로 만들 줄 아는 사람은
징조가 나타나기 전에
이미 대책을 세운다.**

정보화 시대에서 발 빠르게 움직이지 못하면
누구나 어리석은 사람이 될 수밖에 없다.

성공적인 사업을 위해
꼭 필요한 두 가지가 있다.
그것은 인재와
주변 사람의 협력이다.

사람의 능력은 천차만별이다. 그중에서 나에게 꼭 필요한 인재를 찾아내기란 쉽지 않은 일이다.

주변의 협력을 이끌어내는 것도 인재를 찾는 것만큼이나 어려운 일일 수 있다. 이에 관하여 《관자》는 눈앞의 이익에 구애되지 말고 크게 보는 안목을 키울 필요가 있다고 조언한다.

듣기 좋은 말에 마음이
흔들리는 것은 인지상정이다.
충고나 조언보다 빈말에
웃음 짓는 사람의 심리는
어쩌면 자연스러운 것일 수도 있다.
그러나 여기까지다.
빈말에 웃더라도
현혹되지는 말아야 한다.
특히 리더가 아첨에 현혹되면
이중으로 문제가 생긴다.

우선은 그 자신에게,
그리고 조직 전체에!

노자는 덕으로써 원한을 갚으라고 했다. 그러나 이것은 보통의 인간으로서 감당하기 어려운 일이다.
사람은 감정의 동물이다. 화가 나면 분풀이를 하고 싶고 당한 만큼 갚아주고 싶은 것이 인지상정이다.

공자는 덕으로써
원한을 갚으려고 하면
한계가 모호해진다고 했다.
덕에는 덕으로 갚는 것이 당연하지만,
원한은 이성적인 판단으로 갚는 것이
좋다는 게 공자의 조언이다.

옳다고 판단하는 일은 어려움이 따르더라도 밀고 나간다. 자신의 신념으로부터 도망치는 것은 인생의 근간을 흔드는 일이다. 곤경에 부닥치더라도 정면으로 대결해 나아가라.

다만 모든 일에 정면 돌파하는 것만이 능사는 아니다.

보통의 곤경은 피할 수도 있고 돌아가는 수도 있다. 그때그때 상황에 맞춰 임기응변으로 대처할 일이 있고, 반드시 관철해야만 하는 일이 있다.

대개 전자는 일반적인 생활에 해당되는 일이고, 후자는 신념에 관계되는 일이다.

천하의 덕장 유비도 죽기 전에 자신의 덕이 모자람을 한탄하였다.
사람들은 오히려 그 점이 유비를 유비답게 하는 미덕이라 평가
한다.
오로지 어진 마음이 아랫사람을 움직이게 만든다.
리더는 사소한 일이라도 결코 소홀히 해서는 안 된다.
리더의 작은 실수는 더 크게 남는 법이다.

리더가 베풂에 인색하면 덕망을 얻지 못한다.
작은 선행일지라도 게을리하지 않도록
각별히 유의해야 한다.

새는 높이 날기 위해서 날개를 움츠린다.
다른 꽃보다 앞서 피는 꽃은 지는 것도 빠르다.
대기만성의 도리를 간파하라.
그러면 도중에 주저앉을 염려도, 초조해할 이유도 없을 것이다.
인생에 흉화가 있는 것처럼 일에도 종종 역경이 따른다.

**역경을 자신을 단련시키는
기회로 삼는 자는
훗날 반드시 성공한다.**

어차피 한 번뿐인 인생이다.
돈이 없다고 인생을 즐길 수 없는 것은 아니다.

즐거움을 느끼지 못하는 사람이
갖지 못한 건
즐기려는 마음이다.

평범한 일상 속에서도 우리를 즐겁게 하는 일은 어렵지 않게 찾
을 수 있다.
쓸데없이 남을 의심하고 탓하고 미워할 시간은 있어도 자기를 행
복하게 만드는 일에는 좀처럼 마음을 내주지 못하는 것뿐이다.

어떤 일이든 충분히 준비하고 임하지 않으면 성공할 수 없다.
계획을 실행에 옮기려면 작은 일부터 세밀하게 살필 수 있어야
한다.
준비는 주도면밀하게, 실행은 적시에! 이것이 성공의 결정적 요
인이다.

준비를 열심히 해놓고도
적당한 때를 놓치면
이 또한 허사가 될 수 있다.

언행일치는 쉬울 것 같지만 여간해선 실천하기가 어렵다. 대부분 사람은 말이 앞서는 경향이 있기 때문이다.

무슨 말을 꺼낼 때는 자신이 그 일을 할 수 있는지를 먼저 따져보아야 하고, 어떤 행동을 하기 전에는 이미 자신이 한 말을 떠올릴 수 있어야 한다.

말이든 행동이든 남에게 드러내 보이기 전에 자기 검열이 필요하다.

상황에 따라서 이렇게 저렇게
말이 바뀌거나
자신이 이미 내뱉은 말과
다른 행동을 하는 사람은
절대 신뢰할 수 없다.

리더의 다섯 가지 덕목은 다음과 같다.

해임을 두려워하며 자리보전에 연연해서는 안 된다.

지나친 승부욕에 들뜬 나머지 도리어 패할 수도 있다는 점을 잊어서는 안 된다.

내부에서 위신을 세우는 데만 신경 쓰다가 적을 소홀히 다루어서는 안 된다.

유리한 점만을 보고 불리한 점을 잊어서는 안 된다.

계획은 어디까지나 신중을 기해야 하며, 자재와 경비를 아껴서는 안 된다.

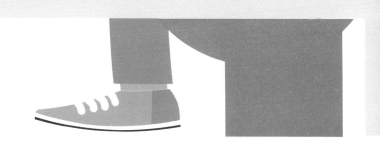

주공단은 주 왕조의 창업 공신으로 노나라를 다스렸다. 그가 아들에게 전한 가르침은 오늘날 리더의 덕목으로서도 큰 의미를 지닌다.

주공단은 아들 백금을 임지로 떠나보내면서 다음 네 가지를 특별히 당부하였다.

가족을 소중히 여겨라.

함께 일하는 사람들이
무시당한다는 생각이 들지 않게 하라.

옛 친구는 큰 과오가 없는 이상
버려서는 안 된다.

한 인간에게 완벽함을 요구하면
안 된다.

책을 많이 읽어도 사색이 없으면 애매한 지식을 쌓는 것에 불과하다.

완전한 내 것이 아닌 지식이기 때문이다.
그렇다고 사색에만 치우쳐 독서를 게을리하면
그 또한 완전한 지식이라 할 수 없다.
정확한 지식과 진지한 사색이 조화를 이루어야만
올바른 사고방식을 확립할 수 있다.

공자는 결점이 많은 인간의 특징을 네 가지로 요약하였다.

첫째,
주관만으로 억측한다.

둘째,
자기 생각을 무리하게
관철하려 한다.

셋째,
한 가지 판단만을
고집한다.

넷째,
자신의 유리한 점만
생각한다.

이 네 가지 결점에 공통적으로 등장하지 않는 단어는

'타인'이다.

PART 2 명언

중국 격언에 '남의 눈으로만 자기 결점을 볼 수 있다'는 말이 있다. 이는 남에게는 심히 엄격하면서 자신에게는 지극히 관대한 사람을 향한 일침이다. 같은 맥락으로 성경은 '남의 눈에 있는 가시를 보지 말고 네 눈의 들보를 보라'고 말한다.

완벽주의자는 남에게도 완벽하기를 요구하지만, 세상에 그런 사람이란 없다. 완벽주의자를 자처하는 본인도 남의 눈에는 허점투성이로 보일 수 있다.

《서경》은 말한다.

'남에 대해서는 완전무결하기를
바라지 말고, 자기에 대해서는
부족함이 없는지 살펴라.'

영국 시인 바이런은 말했다.
"가장 뛰어난 예언자는 과거이다."
이와 일맥상통하는 중국 격언이 있다.
'앞 수레가 엎어진 자국은 뒷 수레의 교훈이다.'
이는 뒤에 가는 수레는 앞 수레가 엎어진 자국을 자세히 보고 엎어지지 않도록 하라는 말이다. 서산대사는 이에 대해 이런 시를 남기기도 했다.

눈 쌓인 들녘을 걸어갈 때는 모름지기 어지럽게 걷지 말지니, 오늘 내가 남긴 발자취는 결국 후세 사람의 길잡이가 된다.

옛사람의 실패를 교훈으로 삼아 현재의 나를 돌아보면 행동이 조심스러울 수밖에 없다.

미국 대문호 헨리 소로는 말했다.

"선은 결코 실패하지 않는 유일한 투자이다."

이 명언은 동양의 사상과 크게 다르지 않다. 같은 맥락으로《주역》은 말한다.

선행하는 집안에는 반드시 경사스런 일이 생긴다.
좋은 일을 많이 하면 가깝게는 자신에게 복이 오고 멀게는 자손에게 복이 따른다.
나쁜 일을 하면 또 반드시 그에 대한 대가가 따른다.
지금 내가 하는 일이 훗날 내 후손들에게 복이 되고 화가 된다는 것이니, 이것을 보이지 않는 인과응보라 한다.

미국 정치가 벤저민 프랭클린은 말했다.

"예의 바르고 친절한 사람은 아무에게도 적이 되지 않는다."

남의 입장을 헤아려주는 것은 배려의 기본이다. 또한 누군지도 모르는 사람의 입장을 헤아려 손해를 감수하는 것은 배려의 으뜸이다.

윗사람은 사랑이나 두려움의 대상으로만 아랫사람을 대해서는 안 된다. 진정한 강함은 너그럽되 두려워하게 하고, 엄하되 따뜻함을 느낄 수 있게 하는 것이다.

누구에게나
'마지막 한 방'의
욕구가 있다.

최후의 일격으로 시원하게 적을 날려버리고 악전고투의 대미를
장식할 당신의 포효는 그 얼마나 우렁차고 아름다울 것인가.
삶이란 치열한 생존경쟁의 정글이다. 고단한 삶의 현장에서 살
아남으려면 매의 눈으로 상황을 예의주시할 필요가 있다.
아무리 강한 상대라도 어딘가에 허점이 있게 마련이다. 또한 아
무리 힘센 상대가 버티고 있어도 시장에는 블루오션이라는 게
있다.

승리의 관건은 상황을 정확히 판단해서 기선을 제압하는 것이다. 이에 대해 《한서》는 다음과 같이 조언한다.

'먼저 손을 쓰면 상대를 제압하고, 늦으면 상대에게 제압당한다.'

이것이 '선발제인(先發制人, 남의 꾀를 미리 알아채고 일이 일어나기 전에 막아버림)'의 기술이다. 이를 통해 중요한 협상에서 상대의 허점을 파고들어 주도권을 잡아야 한다.

일단 주도권을 잡으면 다음 전략으로 나가기가 한결 수월해진다. 그런 만큼 사전에 정보 수집을 치밀하게 해야 한다. 상대의 머릿속까지 들여다볼 만큼 철저히 준비하지 않으면 오히려 역공을 당할 수 있다.

《역경》은 말한다.
'궁하면 통한다.'

호랑이 굴에
들어가지 않고는
호랑이를 잡을 수 없다.
위기라는 것은 늘
이런 상황으로
우리와 마주한다.

위기를 극복하기 위해서는 먼저 심사숙고로 궁리하는 시간을 가
져야 한다. 그런 다음 강한 의지력과 변화에 대처하는 능동적 자
세로 과감히 결단하고 실행해야 한다. 이렇게 하면 그 어떤 힘든
고난도 능히 헤쳐나갈 수 있다.

비판적 충고에
마음을 열기란
사실 쉽지 않다.

옛사람들은 흔히 말했다.
"무릇 좋은 약은
몸에 좋으나 입에 쓰고,
충언은 귀에 거슬리나
자신에게 이롭다."

비판적 충고를 어떻게 받아들이냐에 따라
소인배와 대인배가 갈린다.

《서경》은 말한다.

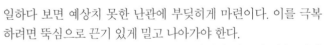

'높은 산을 쌓는 데서 한 삼태기의
흙 때문에 그 공을 잃는다.'

일하다 보면 예상치 못한 난관에 부딪히게 마련이다. 이를 극복
하려면 뚝심으로 끈기 있게 밀고 나아가야 한다.
일을 망가뜨리는 마지막 한 삼태기는 예컨대 사소한 실수, 자만
심, 태만, 부주의, 지나친 장고 등이 될 수 있다.

아무리 하찮은 것이라도
저마다 존재 의미가 있다.
그 작은 것이 모여
큰 것을 이루는 법이다.
큰 강물도 한 방울의
비에서 시작된다.
작은 흐름이 큰 흐름을
바꾸어놓는 일은
얼마든지 있다.
산골짜기 작은 옹달샘도
결국 바다로 흐른다.

남의 눈을 속이는 계책으로는 일시적으로
상황을 호도할 수 있으나 언젠가는
그 마각이 드러나게 마련이다.

교묘하게 꾸민 아름다움은
소박한 진실을 이기지 못하는 법이다.

진실은 대개 서서히
사람의 마음을 사로잡는다.
인간관계의 기본은
예나 지금이나
크게 달라진 것이 없다.
긴 안목으로 볼 때
기본에 충실한 것만큼
나의 가치를
크게 만드는 것은 없다.

이해득실만을 따져서 맺은 인간관계는 공허하다. 소중한 사람에게 아무 도움이 되지 못한다고 생각할 때, 그 진심은 순도 100퍼센트의 아픔이다.

이처럼 상대가 지금 나에게 힘이 되어주지 못한다 해서 그가 가진 진심마저 의심할 필요는 없다.

유용성만을 추구하는 삶은
무언가를 잔뜩
채울 것 같지만
속은 항상 비어 있게
마련이다.

사람의 눈은
그가 현재 어떻다 하는
인품을 말하고,
사람의 입은
그가 무엇이 될 것인가 하는
가능성을 말한다.

옛 성현들이 다른 사람과 학문을 논할 때는 먼저 강물에 귀를 씻는 것을 예의로 알았다. 귀를 씻는 의식은 상대방의 말을 흘려듣지 않겠다는 겸양의 표현이다.

자기가 제일이라는 교만함을 잘라내고 남의 말에 귀를 기울일 줄 알아야 상대를 설득할 수 있는 법이다.

순자는 말했다.
"소인의 학문은 귀로 들은 것을 입으로 뱉는 데 있다."

앵무새처럼 남에게 배운 것을 그대로 전할 뿐, 정작 자기는 한 귀로 듣고 한 귀로 흘리듯 스스로 배운 것을 익히지 않는 학문을 '구이지학(口耳之學)'이라 한다.
순자는 이런 식의 배움은 오히려 유해무익하다고 말한다.

누가 묻지도 않는 지식을 지껄여대는 것은 잔소리에 불과하다. 하나를 물으면 두 가지를 대답하는 것은 누구를 위한 지식인가.

일이 어렵고 괴로울 때는 환경을 탓하기 쉬운 게 인지상정이다. 그러나 이는 문제를 해결하는 데 아무런 도움이 안 된다.

하늘을 원망한들 하늘은 답을 가지고 있지 않다. 남을 탓한들 남은 내 인생을 책임져주지 않는다.

결국 문제는 자신에게 있다고 생각하는 게 훨씬 발전적이다. 끝까지 평정심을 잃지 않는 자가 진정 마지막에 웃는다.

어떤 일이든 양면성이 있다.
경험은 실수의 다른 이름이기도 하다.
역경을 겪지 못한 자는
자신의 역량을 알지 못한다.
실패의 기억은 아프다.
그러나 기억하기 싫은 과거를
배움의 자양분으로 삼는 사람은
반드시 진보할 수밖에 없다.
자기 자신의 경험으로부터
배우는 지혜야말로 알짜배기다.
실수를 두려워하지 말고
마치 역량이 무궁무진한 것처럼
과감히 일하라.

말이란
그 사람의 마음속 움직임을
정직하게 표출하게 마련이다.
그러므로 겉과 속이 다른 사람의 말은
어딘가 모르게 기운이 어둡다.
스스로 떳떳하지 못하기 때문이다.
이에 대해 《역경》은 다음과 같이 말한다.
'남을 배신하는 사람은
그 말이 버젓하지 못하다.
의심을 가진 자는 그 말이 횡설수설이다.
선을 악이라고 말하는 자는
논지에 일관성이 없다.
신념을 가지지 못한 자는
사용하는 말이 비굴하다.'

살다 보면
일이 잘될 때도 있고
안될 때도 있게 마련이다.
고난이 닥쳤을 때는
묵묵히 자신을 단련하고
때를 기다려야 한다.

공자는 말했다.
"사람의 인생에는 우(遇)와 불우(不遇)가 따른다."
'우'란 무엇을 하든 잘 풀려가는 것을, '불우'란 그 반대를 의미한다. 공자는 이것이 때를 얻느냐 얻지 못하느냐에 따라서 달라진다고 했다.

불우한 때일수록 자중자애해야 한다. 힘들다고 낙심하며 주저앉는다면 행복한 미래는 더 요원해질 것이다.

유리하면 나아가고 불리하면 물러서는 것은 병법의 지혜이다.
승산 없는 싸움에 무리하게 돌진하는 것을 용기로 착각할 수 있
다. 후퇴를 비겁한 행동이라고 여겨 합리적인 판단력이 흐려진
탓이다.

진정한 용기는
물러날 때
물러설 줄 아는 것이다.
합리적이고 유연한
사고방식을 갖고 임할 때
승리할 수 있다.

성공의 정점에 오르면 이로써 끝이 아닌, 여기서부터 다시 시작이다.

끝 모르고 올랐다가 자칫하면 바닥까지 떨어질 수도 있는 게 우리 인생이다. 다시 오르막길로 올라설 수 있을지도 알 수 없다. 그렇기에 늘 교만을 경계하며 겸손하게 매사 신중을 기해야 한다.

한편, 여전히 끝이 보이지 않는다고 절망할 필요도 없다. 묵묵히 한 발 한 발 오르다 보면 기어이 때를 만날 것이다.

이 또한 절대적인
세상 법칙이다.

작은 이익을 욕심내면 큰일을 성취하지 못한다.

일을 조급하게 서두르면 상황을 충분히 파악하지 못하고 실수하기 쉽다.

중요한 일일수록 장기적인 목표를 세우고 차근차근 처리해가야 성과도 크게 얻는 법이다.

첫걸음부터 신중하게 떼면 서두를 일도 없을 것이고 작은 일에 욕심낼 일도 없다.

진리는 언제나 평범한 곳에 있다.

지행합일(知行合一)을 주장한 양명학의 시조 왕양명은 말했다.
"배워서 얻었으면 실천하여 자신을 향상시켜라."

일상생활에서 배움을 실천하여 자기 자신을 연마하라는 말인데,
자신을 연마한다는 것은 책을 통해 얻은 지식을 머릿속에 가둬
놓지만 말라는 의미다.

실천이 따르지
않는 지식은
임시변통에
지나지 않는다.

알면서도 알지 못하는 체하는 것은 장점이 될 수 있으나, 알지 못하면서 아는 체하는 것은 중대한 결점이 된다.

남들도 다 아는 걸 자기만 아는 듯이 장황하게 떠벌리는 것도 보기 좋은 모습은 아니다. 이는 오히려 주변의 반감만 살 뿐이다.

침묵해야 할 때는 말을 삼가라.
상황에 따라 침묵은 금이다.

제갈량은 상대의 마음을
공격하는 것이 최상의
용병술이라고 했다.
힘으로 밀어붙이는 것은
하수로 친다는 말이다.
인간관계에서도
마음을 움직이는 것보다
효과적으로 상대를
끌어들이는 방법은 없다.
아무리 목소리 큰 사람도
상대의 마음을 움직이지
못한다면 절대로
설득할 수 없다.

좋은 친구를 만난다는 것은 행운이다.

그 사람을 알고자 하면 그가 사귀는 친구를 보라는 말이 있다. 그 만큼 친구를 사귀는 일은 어렵고 신중하게 생각해야 한다는 뜻 이다.

공자는 "사귀어서 도움이 되는 친구가 있고, 해가 되는 친구가 있 다"고 했다.

도움이 되는 친구란 강직한 사람, 성실한 사람, 교양이 있는 사람 이다.

해가 되는 친구란
남의 비위를 맞춰

아첨하는 사람,
성실하지 못한 사람,
언변만 좋은 사람

이다.

인생에는 수많은 선택의 갈림길이 있다.

목표가 없으면 자신이 어디로 가고 있는지도 모른 채 꾸역꾸역 시간만 허비하게 된다.
목표를 세웠다 해도 큰길로 가지 않고 샛길로 빠지면 주인을 잃어버린 양이나 다를 바 없다.
그러므로

틈틈이 현재 위치를 확인하고, 가야 할 길의 최종 목표를 점검하라.

같이 일하는 관계에서 신뢰는 무엇보다 중요하다.

신뢰가 가지 않는 상대와 하는 일은 결국 망가지게 마련이다. 그렇기에 애초부터 믿을 수 없는 사람과는 일하지 않는 게 좋다. 그러자면 먼저 사람을 보는 눈을 키워야 한다.

사람을 부릴 때 가장 명심해야 할 것은 철저하게 신뢰할 수 있는지 여부다. 의심스러우면 쓰지 말아야 하고 일단 쓰기로 했으면 의심하지 말아야 한다.

이도 저도 아닌 상태에서 손을 잡았다가는 낭패를 보기 십상이다. 요컨대 믿지 말아야 할 상대를 믿는 것은 스스로 무덤을 파는 것과 같다.

맹자는 말했다.
"덮어놓고 책을 믿는 것은 책이 없는 것이나 마찬가지다."
여기서 책은 이른바 권위 있는 사람의 말로도 대체할 수 있다.
유명한 사람의 말이라고 해서 무턱대고 믿고 따를 것은 못 된다.

무엇이든 맹신하면
자기를 잃어버릴 수가 있다.
지식은 우선 나를 위해
필요한 것이어야 한다.

예의는 사회생활의 기본이다.

예의 바른 사회는 서로 어울리고 더불어 살아가는 세상이다.
타인과 조화를 이루려는 자세가 되어 있지 않으면 올바른 예의
를 지킬 수가 없다.
편견에 사로잡힌 사람이 인간에 대한 예의를 알기란 불가능하다.
내 마음을 열어야 다른 사람의 마음도 열 수 있다.

예의는 남한테 대접받기 위해서가 아니라
남을 대접하기 위해 지키는 것이다.

손자는 승산 없는 싸움에서 물러날 줄 아는 지혜를 병법의 한 가지로 다루었다. 여기서 '승산(勝算)'에서 '산'은 계산할 때의 산이다.

어떤 일을 시작할 때는 계산을 확실히 해본 다음에 뛰어들어야 낭패를 겪지 않는 법이다. 겁쟁이라서 물러나라는 게 아니다. 물러날 만큼 계산이 확실하기에 다음 기회를 노려보라는 의미이다.

인생 설계도 마찬가지다. 구체적인 계산이 어느 정도 맞아떨어져야 장래를 꿈꿀 수 있다.

청렴하면서 포용력 있게, 너그러우면서 결단력 있게 처신하기란 쉽지 않다.

거친 세상의 탁류에 물들지 않고 독야청청 살기도 어려운 현실에서 포용력까지 기대한다는 건 지나친 요구일지도 모른다. 너그러우면 인정에 휘말리기 쉽다. 남에게 관대한 사람이 결단력이 둔해질 위험이 있는 것도 이런 이유에서다.

원리원칙과 포용력, 너그러움과 결단력! 이는 어쩌면 모순에 가까운 성질을 모두 충족시키려는 이상에 불과할지도 모른다. 《채근담》은 이런 이상적인 인간상에 대해 '꿀을 써도 과히 달게 되는 법이 없고, 소금을 써도 과히 짜게 되는 법이 없다'고 평가한다.

공자는 말했다.

"빈곤하면서
원망하지 않기는 어렵고
부유하면서
교만하지 않기는 쉽다."

지위가 생기면 누구나 우월감에 빠지게 마련이다.
그렇기에 모든 것을 갖춘 상태에서 교만해지지 않는다면
훌륭한 인격체라 할 수 있다.
실상, 공자가 강조하고자 하는 것은 시련을 당해 비
뚤어진 마음을 갖지 않는 것이 더 어렵다는 점이다.
누구나 불우한 환경에 놓이면 운명을 탓하고
하늘을 원망하기 십상이다.
공자는 스스로 역경을 딛고 일어서는 것이
얼마나 강한 인내를 필요로 하는지 역설한다.

자신의 힘을 믿고 상대를 밀어붙이거나 능력을 내세워 남을 무시하는 태도는 자만심에서 비롯된다. 이런 자만심은 자신을 향상시키지 못하는 것은 물론 주변 사람들의 반발심을 사게 마련이다.

겸허함은 자만심과 반대되는 의미를 갖는다. 지위가 높고 능력이 뛰어난 사람이 겸허함의 미덕까지 갖추고 있다면 상대는 오히려 그를 높게 본다.

당연히
주변 사람들로부터
긍정적인 평가를
받게 되는 이점도 있다.

책임지지 못할 말은
무조건 하지 않는 게 좋다.

앞뒤 사정을 헤아리지 않고 분위기에 휩쓸려 공연히 자신의 위
신을 떨어뜨리지 않도록 주의해야 한다.
상대방에게 섣불리 기대감을 갖게 하는 행위는 더 큰 실망을 부
른다. 말이 가벼우면 그만큼 신뢰가 떨어지기 때문이다.

리더의 실언은
그 피해가 더욱 크다.
헤픈 웅변보다는
과묵한 처신이
한결 나을 때가 있다

관대하고 마음이 따뜻한 사람은 만물을 소생하게 하는 봄바람과 같다. 그런 사람 밑에서는 모든 것이 쑥쑥 자라나는 경험을 하게 된다.

각박하고 마음이 차가운 사람은 만물을 얼어붙게 만드는 한겨울의 눈과 같다. 그런 사람 밑에서는 모든 것이 성장을 멈추고 결국은 맥이 끊겨버린다.

사람이 성장하려면
윗어른을 잘 만나야 하는 이유가
여기에 있다.
수양산 나무 그늘이
천 리를 간다고 했다.
덕은 베풀면 베풀수록
그 품이 넓어지는 법이다.

흐르는 물의 맑고 흐리기는 그 근원에 달려 있다.
지도자가 성실하면 조직은 자연히 그를 따르게 되어 있다.
불성실한 지도자 밑에 있으면 조직은 자연히 빈틈이 생긴다.
윗물이 흐리면서 아랫물이 맑기를 기대하는 것은 모순이다.

부하들이 명령을
따르지 않는다고
불평하기 전에
자신의 언동을
되짚어보라.
모든 일은
위에서 아래로
영향을 미친다.

일을 처리할 때는 공평무사해야 한다.

속셈이 따로 있으면 일이 자연스럽지 못하고 잡음이 따르게 마련이다.

길이 아니면 처음부터 가지를 말아야 한다.

일을 처리할 때는 음모의 수단으로 하면 안 된다.

정도를 벗어나려니 무리가 따르는 법이다.

사술(詐術)로 이룬 성공은 훗날 자신을 욕되게 만드는 독주가 된다.

유혹을 벗어나는 길은
스스로 떳떳함을
살피는 방법뿐이다.

꾸불꾸불한 쑥도 곧은 삼밭에서 자라면 곧게 자라난다.
인간도 마찬가지다.

맹자의 어머니는 어린 맹자를 위해 세 번이나 집을 옮겼다.
성인이 되면 자신을 위해 스스로 환경을 바꿀 수 있어야 한다.

좋은 환경에서
좋은 교우관계를 맺으면
거친 성격도
일부분 교정된다.
친구를 가려 사귀어야
하는 이유가 여기에 있다.

다른 산에서 나온 나쁜 돌도 자신의 옥(玉)을 가는 데 필요하다.
남의 행동을 보고 자신의 결점을 고칠 수 있다면 그것이 바로 타
산지석이다.
생각하기에 따라서는 그 어떤 상대라도 나에게 도움이 되는 사
람이다.

상대가
장점이 많은 사람이라면
롤모델이 될 수 있을 것이다.
반대로
단점이 많은 사람이라도
반면교사로 삼는다면
충분히 옥의 역할을
하는 셈이다.

공자는
"세 사람이 함께 가면
그중에 반드시 내 스승이 있다"고 했다.
빈곤한 가정에서 태어나 어려서부터
스스로 생계를 책임지며 살았던
공자에게 마땅한 스승이 있을 리 없었다.
그런 공자가 입신양명하여
세상에 큰 뜻을 펼칠 수 있었던 건
주변의 모든 사람을 스승으로
삼았기 때문이다.

어떤 상대라도 평생에 한 번은
나에게 도움이 되는 법이다.

어딜 가나 소문난 잔치에는
파리 떼가 꼬이게 마련이다.
그런 곳에는 어떻게든 달라붙어
작은 이득이라도 취하려는
목적을 가진 사람들뿐이다.
그런 사람들이 당장 거슬리는 말이나
행동을 할 까닭이 없다.
달콤한 유혹에 휩쓸려

허울뿐인 관계를 맺는 것은
훗날 상처만 남을 뿐이다.

화와 복은 들어오는 문이 따로 없다. 오직 자기 스스로 불러들일 뿐이다.

불행을 느끼는 것은 감정이다.

자신이 불행하다는 감정을 자주 느끼는 것도 일종의 나쁜 습관
이다.

하늘은 스스로 돕는 자를 돕는다.

나쁜 습관을 떨쳐내려고 노력하지 않으면 불행은 계속 반복된다.

행복해지려면 스스로 꾸준히 노력하는 수밖에 없다.

지혜로운 사람은 불행을 바꾸어서 행복으로 만들고 실패를 성공의 모태로 삼는다.
아무리 주의한다고 해도 일생의 어느 순간은 불행과 실패의 그물에 갇힐 수밖에 없다.

얽히고설킨
매듭을 풀어
행복의 실타래로
만드는 건
긍정적이고 발전적인
사고방식이다.

조금 나은 위치에 있다고
남을 업신여기는 마음은
숨기려고 해도 숨길 수가 없는 법이다.

자존심, 또는 자부심은 누구에게나 필요한 것이다.

다만 이것이 지나치면
비뚤어진 인격의 모습을 띠게 될 위험이 있다.

잘나간다 싶을 때 자만심을 경계하지 않으면 부지불식간에 오만
이 머리를 쳐들어 남에게 손가락질받는 인간으로 전락해버리는
것이다.

'표범은 가을이 되면
등가죽의 무늬가 아름답게 변한다.'

이것이 바로 표변(豹變)의 어원이다.

부정적인 느낌을 주던 사람의 태도가 아름답게 변하면 다행스러운 일이다. 이 경우는 창조적 변화에 해당된다.

.

문제는 반대의 경우다. 평상시에는 온갖 좋은 인상을 다 풍겨놓고 본인의 이해득실에 관계되면 언제 그랬냐는 듯 갑자기 태도가 표변하면 당하는 사람은 곤혹스러울 수밖에 없다.

가을 표범의 아름다운 가죽 뒤에 숨겨진 야수의
본성에 속아 넘어가지 않으려면 사람을 대하는
태도도 신중할 필요가 있다.

상대방을 알려면 눈을 보는 것보다 좋은 방법이 없다.

눈은 마음의 창이라는 말은,
탁하거나 비뚤어진 마음이
그대로 나타난다는 뜻이다.

맹자는 그 이유를 다음과 같이 설명한다.

눈동자는
그가 지닌 악을
감추지 못한다.
마음이 바르면
그 눈동자가 맑다.
마음이 바르지 못하면
그 눈동자는 흐려진다.
그 말을 듣고
그 눈동자를 보면
어찌 그 사람 됨됨이를
파악할 수 없겠는가!

단금지교(斷金之交)와 금란지교(金蘭之交)는
참된 우정의 대명사처럼 쓰이는 사자성어다.

두 사람이 마음을 합치면 그 날카로움으로 금속도 자를 수 있다
고 해서 단금지교, 마음을 같이하는 친구와 나누는 말은 그 향기
로움이 난초 향기처럼 멀리 퍼진다고 해서 금란지교다.

사람은 혼자서는 살아갈 수 없다.
무엇을 하든 자신을 이해해주고
지지해주는 협력자를 얻는 것이
성공의 키포인트가 될 수 있다.

일을 시작할 때는 의심나는 것을
해결하고 난 후 만전을 기해야 한다.
분명하지도 않은 일을
실행에 옮겼다가는
반드시 뒤탈이 생긴다.

중요한 상황을 앞두고 행운을 기대하는 것만큼 무책임한 일은
없다. 대개 큰 사고가 나는 것은 어떻게 되겠지 하고 적당히 행운
에 기대거나 시간에 쫓긴다는 핑계로 기본에 충실해야 한다는
대원칙을 무시했기 때문이다.
행운을 바라는 것은 무능한 사람의 기도에 불과하다. 시간에 쫓
기면 시작을 미루는 게 상책이다.

맹자는, 인간의 본성은 선하다고 했다.
순자는, 인간의 본성은 악하다고 했다.

확실히 인간은 온전히 선할 수 없다.
순간적인 욕심에 물들어 선한 본성을 잃게 되는 경우도 있다.
세상에 완벽한 인간이란 없다.

맹자는 오로지 수양에 의해서만
인격을 완성할 수 있다고 했다.
요컨대 마음을 곧고 바르게 기르려면
욕심을 적게 가져야 한다.

물은 마음을 비치는 거울이다.
마음의 티끌이 비치면 스스로 수양하고 단련하여 깨끗이 씻어낼
수 있다.

잡념을 걷어내면
어떤 유혹에도
흔들리지 않고
올바른 선택을
할 수 있다.

마음에 의심이 생기면 온갖 무서운 망상이 꼬리를 무는 법이다.
의심의 눈으로 보면 모든 것이 의심스럽게 다가온다.
선입견은 부정적이든 긍정적이든 자신과 상대방 모두에게 해가
된다.
처음부터 부정적인 마음으로 상대를 바라보면 장점을 놓칠 수가
있다.
지나치게 긍정적인 선입견은 상대를 향해 무리한 기대를 갖게
만든다.

자신의 판단이라고
무조건 옳은 건 아니다.
매사에 객관적인 시각을
유지할 수 있어야 잘못된 선입견에 빠져
일을 그르치지 않는다.

《채근담》은 담백한 인생을 살아가기 원하는 사람들에게 조언하며 구체적인 사례를 제시하였다.

> 교제를 줄이면 분쟁을 면할 수 있다.
> 말을 줄이면 비난을 적게 받는다.
> 분별을 줄이면 마음의 피로가
> 적어질 것이다.

줄일 것을 생각하지 않고 늘일 것만 생각하는 것은 그 인생을 칭칭 얽어매는 것과 같다.

떠나는 사람을 붙잡는다고 마음까지 따라오지는 않는다. 집착은 오히려 관계를 멍들게 하는 요인이 된다.

나를 찾아오는 사람은 어떤 식으로든 나에게 이끌려서 온 사람이다.
그러므로 상대가 누구든 서로를 알아가는 과정이 필요하다.
사물에 구애받지 않는 자유롭고 활달한 인간관계는 삶을 윤택하게 만드는 활력소가 된다.

《전습록》에 이런 말이 나온다.

'인생의 가장 큰 병폐는 오직 한 글자, 거만할 오(傲) 자이다.'

자식이 불효하면 부모에게 오만하고, 부모가 오만하면 자식에게 자비롭지 못하며, 신하로서 오만하면 불충을 저지르게 되고, 벗으로서 오만하면 반드시 불신하게 되니 세상에 이보다 더 큰 병폐가 없다는 것이다.

왕양명은 인간이 오만에 빠지지 않으려면 무아(無我)가 되어야 한다고 했다. 자신의 존재를 잊을 만큼 순수한 상태에서 스스로 겸허한 마음 상태가 된다는 것이다.

노자는 말을 아주 잘하는 사람은 말더듬이처럼 보인다고 했다.

토씨 하나만 틀리게 써도
의미가 잘못 전달되기 쉬운 게
말의 특성이다.
말을 신중하게 내뱉다 보면
남들보다 속도는 느려지게 마련이다.

진정한 웅변은 눌변에서 나온다.
화려한 미사여구를 동원하는 말일수록 교묘하게 술수를 가리려
는 의도가 내포된 경우가 많다.

음덕을 베푸는 사람에게는 반드시 분명한 보답이 돌아온다.

악한 끝은 없어도 착한 끝은 있다고 했다.

간혹 보이지 않는 선행을 베푸는 사람들의 실체를 알고 깜짝 놀라는 경우가 있다.

어려운 환경에 있으면서 한 푼 두 푼 모은 돈을 아낌없이 이웃을 위해 쓰는 기부 천사들이 바로 그 음덕의 주인공들이다.

평소 그렇게 음덕을 베풀다 결국 일가를 이룬 성공 신화의 주인공들도 심심찮게 보아왔다.

물질이든 마음이든
남을 위해 베풀 수 있어야
자기에게도 복이 따르는
법이다.

사람이 궁지에 몰리면 요행에 의지하기 쉽다. 초조하게 일이 풀리기를 바라는 마음이 냉철한 판단을 저해하기 때문이다.

위험한 일을 하면서 요행을 기다리는 심리가 이른바 한탕주의를 부른다. 도박에 빠지거나 투기에 손을 대고 사기꾼에게 걸려드는 것도 결국 요행을 바라는 심리가 작용하기 때문이다.

노자는 이를 경계하기 위해 일의 마지막에도 처음과 같이 신중하게 하라고 조언한다.

맹자는 '사단설(四端說)'을 통해 인간은 누구나 다음 네 가지의 마음을 가지고 있다고 정의하였다.

1. 측은지심(惻隱之心): 남을 불쌍히 여기는 마음.
2. 수오지심(羞惡之心): 악을 부끄러워하는 마음.
3. 사양지심(辭讓之心): 양보하는 마음.
4. 시비지심(是非之心): 선악을 판단하는 마음.

이 네 가지를 크게 길러 나아가면 누구든 훌륭한 인물이 될 수 있다는 것이 사단설의 핵심이다.

아무리 예리한 칼이라도 오랫동안 방치해두면 녹이 슬어버린다.

숫돌은 무뎌진 칼을 다시 날카롭게 만들기 위해 녹슨 부분을 갈아낸다.

사람도 이와 같다. 끊임없이 자기 자신을 연마하지 않으면 감각이 무뎌지게 마련이다. 변화에 뒤처지지 않으려면 뼈를 깎는 노력을 아끼지 말아야 한다.

사람은 자신이 좋아하는 방향으로
마음이 치우치게 마련이다.
사사로운 감정에 얽매이면 공정한 태도를 취하기 어렵다.
《대학》에 이런 말이 있다.
'좋아하면서도 그 나쁜 점을 아는 사람은 천하에 드물다.'
좋아하는 마음으로 바라보면
상대방의 결점이 보이지 않는다.
결국 판단력이 흐려지고 마는 것이다.

사람을 좋아하는 결과가
편애가 되어서는 안 된다.

»»»» ── 사랑보다 위험한 감정은 미움이다 ── ««««

사랑은 스스로 자신을 바보로 만들지만, 미움은 남에게 자신을
적으로 만든다.
여러 사람을 상대하다 보면 그중 싫은 사람이 있게 마련이다.
대인관계에서 그런 감정을 노골적으로 드러내면 당연히 원망을
산다.
감정을 속일 수 없다면 차라리 거리를 두는 게 현명하다.

구태여
싫은 감정을 보이면서
적을 만드는 건
어리석은 행동이다.

PART 3 유대

한 목사가 어린아이에게 물었다.
"얘야. 우체국 가는 길을 알면 가르쳐주겠니?"
아이는 친절하게 길을 알려주었다. 목사는 아이를 칭찬하며 이
렇게 말했다.

"참 예의 바르고 착한 아이구나.
천국 가는 길을 가르쳐줄 테니
이따가 교회로 오지 않겠니?"

아이는 코웃음을 치면서 말했다.

평생 여자라고는 모르던 순진한 청년이 결혼 첫날밤을 맞이했다.
신랑은 독실한 기독교 신자였고, 신부는 좀 놀아본 전력이 있는
여자였다.
샤워를 마치고 침대에 들기 전 신랑은 무릎을 꿇고 기도했다.

"주님! 제게 힘을 주시고
저희를 올바른 길로 인도하여주시옵소서."

신부가 신랑의 귀에 대고 속삭였다.

자기야,
그저 힘만 달라고 해.
인도는 내가
알아서 할 테니까.

변호사가 억울하게 강도죄를 뒤집어쓴 한 시골 청년을 변호했다.
"피고는 평생 농장에서 소젖 짜는 일을 해왔습니다. 피고 어머니
의 증언에 의하면 태어나 단 한 번도 농장을 벗어난 적이 없다고
합니다. 그런 이가 도시로 나와 범행을 저질렀다니요?"
그러자 검사가 비웃듯이 따져 물었다.
"태어나서 줄곧 농장에서 소젖 짜는 일만 했다고요? 변론하려면
제대로 하십시오. 그럼 피고가 한 살 때는요? 그땐 대체 무슨 일
을 했다는 겁니까?"
변호사는 검사의 유치한 반론에 이렇게 대꾸했다.

아, 물론 그때도
젖을 짜긴 했지요.

소젖은 아니고
어머니 젖을 말입니다.

독일군의 포격으로 버킹엄 궁전이 훼손되었다.
공포에 떠는 영국인들에게 엘리자베스 여왕은 이렇게 말했다.

친애하는 국민 여러분.
너무 염려하지 마십시오.
독일의 포격으로
그동안 왕실과 국민 사이를
가로막고 있던 벽이
사라졌습니다.

아프리카에서 가난한 사람들을 치료했던 슈바이처가 모금 운동
을 위해 고향에 들렀을 때 일이다.
수많은 환영 인파가 역으로 몰려왔다. 모두 그가 당연히 1등 칸
이나 2등 칸을 타고 왔으리라 생각했다. 그런데 사람들의 예상과
달리 슈바이처 박사는 3등 칸에서 내려왔다.

"박사님 같은 분이 왜 굳이 삼등 칸을 타고 오셨나요?"
기자들의 물음에 박사는 태연하게 대답했다.

"이 열차엔 사등 칸이 없으니까요."

드골 대통령은 재임 시절 반대파가 많았다.
하루는 그와 정치 성향이 다른 한 의원이 말했다.

"유감스럽게도
제 친구들은 각하의 정책을
아주 불편해합니다."

그러자 드골이 말했다.

"그래요?
그럼 친구를
바꿔보세요."

마거릿 대처는 유럽 최초의 여성 수상으로, 많은 남성 우월론자의 정치적 공격을 물리치고 세 번이나 연임에 성공했다. 그래서 별명도 '철의 여인'이었다.

사람들은 그녀가 유머를 즐길 줄 모른다고 생각했다. 그런 그녀가 한 만찬장을 웃음바다로 만든 일이 있었다. 만찬이 한창 무르익어갈 무렵 한 사람이 그녀에게 물었다.

"여성으로서 세 번이나 선거에서 승리한 비결이 무엇인지 알려주시겠습니까?"

마거릿 대처가 말했다.

홰를 치며 우는 건
수탉일지 몰라도
알을 낳는 건 암탉이니까요.

세일즈의 달인 카네기는 어려서부터 경제적 감각이 뛰어났다.
하루는 그가 어머니와 함께 과일가게를 지나가게 되었다. 진열
대에는 먹음직한 딸기들이 놓여 있었다. 카네기는 그 자리에 멈
춰 서서 딸기를 계속 쳐다보았다. 인심 좋은 과일가게 주인이 카
네기에게 말했다.

"애야, 몇 개 집어 먹으렴."

그런데도 카네기는 계속 딸기를 쳐다만 보았다. 주인은 카네기
가 부끄러워서 그런 줄 알고 자기 손으로 딸기를 한 움큼 집어 건
네주었다. 나중에 어머니가 조용히 물었다.

"아까 할아버지가 집어 먹으라고 할 때 왜 안 집어 먹었니?"

"엄마도 참!
할아버지 손이 내 손보다
훨씬 더 크잖아요."

피카소의 그림값이 하루가 다르게 오를 때였다. 사람들은 돈만 있으면 피카소의 그림을 사 모으려고 했다.

어느 날, 한 무식한 귀부인이 그의 작업실을 찾았다. 마침 그때 피카소는 추상화를 그리고 있었다.

이 그림은 뭘 표현하는 거죠?

피카소는 귀부인의 물음에 점잖게 대답했다.

이십만 달러를 표현하고 있습니다.

독일의 철학자 쇼펜하우어는 대식가로 유명했다.
그날도 쇼펜하우어는 호텔 레스토랑에서
혼자 2인분의 식사를 시켜 먹고 있었다.
이 광경을 보고 옆 테이블에 있던 사람들이 수군거렸다.

"혼자서 이 인분을 먹다니, 볼썽사납기 짝이 없군!"

당시 상류 사회에서는 음식을 많이 먹는 사람을
천박하게 여기는 풍조가 있었다.
하지만 쇼펜하우어는 당당하게 말했다.

"네, 전 늘 혼자서 이 인분을 먹습니다.
일 인분 먹고 일 인분 어치
생각만 하는 인생보다
이 인분 먹고 이 인분 어치
사고를 하는 인생이
더 낫다고 생각하니까요."

고호가 가난한 화가라는 건
온 동네가 다 아는 사실이었다.
하루는 한 이웃이 고호에게 물었다.
"요즘은 돈이 없어서 모델 구하기가 어렵다면서요?"
"그래도 하나 구했어요."
"다행이군요. 혹시 누가 무료 봉사를 자청한 겁니까?"

"무료는 맞아요.
내가 요즘
자화상을 그리거든요."

로버트 프로스트는 '가지 않은 길'이라는 시를 발표한 후 하루아침에 유명인사가 되었다.
한 번은 전망 좋은 어느 호텔에서 파티가 열렸다. 만찬이 끝난 후 프로스트는 사람들과 함께 베란다에서 일몰을 감상하고 있었다.
한 젊은 여성이 감탄하며 프로스트에게 말했다.
"저녁노을이 정말 아름답지 않나요?"

그녀는 시인답게 멋진 소감이 나올 것이라 기대했다.
프로스트는 정중하게 말했다.

"미안합니다. 전 저녁 먹은 후에는 일 얘기 안 하거든요."

영화 〈007〉 시리즈의 원작자 이안 플레밍이 한 행사에서 연설하기로 되어 있었다.

행사는 점심때 시작되었다. 그는 어느 정부 관리가 연설을 마치면 마이크를 잡기로 되어 있었다. 그런데 이 관리는 지나치게 연설이 장황했다.

마침내 지루한 연설이 끝나자 이안 플레밍이 자리에서 일어나더니, 자신의 시계를 쳐다보고는 간단히 한마디 했다.

"굿 이브닝."

모차르트는 평소 '신동'이라는 말을 달가워하지 않았다.
어느 날 그가 부유한 음악 애호가로부터 초대를 받았다. 이 집의
열두 살 난 아들은 피아노 신동으로 불렸다. 소년이 모차르트를
보자마자 당돌한 질문을 던졌다.
"저는 작곡도 잘하고 싶은데, 무엇부터 해야 하는지 가르쳐주세요."
"작곡하기에는 너는 너무 어리다. 그 말밖에 해줄 수가 없구나."
소년은 매우 불만스럽다는 듯 되물었다.
"하지만 선생님은 저보다 더 어린 나이에 작곡하셨다면서요?"

하지만 나는
아무에게도
어떻게 해야 좋을지
묻지 않았단다.

프랑코는 하반신 장애가 있었지만, 지휘자로서 이름을 떨쳤다.
그가 해외공연을 나섰을 때 한 기자가 물었다.
"선생께선 불편한 몸으로 어떻게 지휘봉을 잡을 생각을 했습니까?"
"나만의 노하우가 있죠."
"어떤 노하우인지 말씀해주시겠습니까?"
특종이라도 잡은 듯 눈을 빛내는 기자에게 프랑코가 말했다.

"오른손으로 잡습니다."

한 부자가 젊은 화가에게 500달러로 초상화 제작 의뢰를 했다.
얼마 후 초상화가 완성되었다. 그런데 부자는 초상화가 자신과
닮지 않았다며 약속한 그림값을 주지 않았다. 화가가 말했다.
"이 그림이 선생님과 닮지 않았다는 내용에 서명해주시겠습니까?"
부자는 서명을 하고 돌아갔다.
며칠 뒤, 미술관을 찾은 부자는 놀라 자빠질 뻔했다. 자신의 얼굴
이 그려진 초상화가 버젓이 전시되어 있었기 때문이다.

작품 제목
'어느 도둑놈의 초상'이
그의 눈에 확 들어왔다.
부자는 결국 원래 가격의 열 배를 주고
초상화를 거둬 갔다.

막스 레거는 독일 함부르크 연주회에서 슈베르트의 현악 5
중주곡 〈송어〉를 연주하여 많은 관객의 박수갈채를 받았다.
다음 날, 관객들 중 한 부인이 송어 다섯 마리를 선물로 보냈다.
레거는 즉시 감사의 편지를 써 보냈다.

**어제 저의 연주가 마음에 들었다는 뜻으로 보내
주신 송어, 정말 감사드립니다.**

다음에는 하이든의
〈황소 미뉴에트〉를
연주할 계획입니다.
착오 없으시기 바랍니다.
그럼 안녕히!

알렉산드르 보로딘은 러시아 국민악파를 대표하는 음악가이며 유기화학 교수였고 또한 러시아 육군 장교였다. 그런 그였지만 건망증이 심해서 항상 애를 먹었다.

어느 날은 파티가 채 끝나기도 전에 그가 외투와 모자를 집어 들었다. 한 친구가 놀라서 물었다.

"알렉산드르, 어딜 가려고 그러나?"

"이젠 집에 가야겠네. 우리 집은 너무 멀어서 말이야."

손님들은 어이가 없었다. 파티가 열린 장소는 바로 보로딘의 집이었기 때문이다.

〈탈무드〉는 남자의 일생을 7단계로 나누었다.

한 살은 임금님
모든 사람이 임금님을 모시듯이 달래면서 비위를 맞춰준다.

두 살은 돼지
진흙탕 속을 마구 뒹군다.

열 살은 새끼 양
웃고 떠들고 마음껏 뛰어다닌다.

열여덟 살은 말
다 자랐기 때문에 자기 힘을 자랑하고 싶어 한다.

결혼하면 당나귀
가정이라는 무거운 짐을 지고 힘겹게 끌고 가야 한다.

중년은 개
가족을 먹여 살리기 위하여 타인의 호의를 개처럼 구걸한다.

노년은 원숭이
어린아이와 똑같아지지만 아무도 관심을 가져주지 않는다.

평소 아인슈타인은 건망증이 무척 심했다. 한번은 기차를 타고 여행을 가던 중 기차표가 없어졌다는 사실을 알아차렸다. 이윽고 승차권을 검사하러 승무원이 나타났다. 그는 승무원에게 표를 잃어버렸다고 말했다.

"아, 저는 선생님이 누구신지 잘 압니다. 틀림없이 표를 사셨을 겁니다. 걱정하지 마세요."

아인슈타인은 곤혹스럽게 고개를 숙이더니 좌석을 살피기 시작했다. 승무원이 다시 말했다.

"걱정하실 것 없다니까요. 전 선생님이 누구신지 알고 있습니다."

아인슈타인이 말했다.

"내가 누군지는 나도 압니다. 그런데 내가 어디로 가는 길이었는지 모르겠단 말이오."

명탐정 셜록 홈스와 왓슨이 야영을 떠났다. 그들은 조용한 숲속에 텐트를 치고 잤다. 그런데 한밤중에 홈스가 왓슨을 깨웠다.

"왓슨, 지금 뭐가 보이나?"

"수백만 개의 별이 보이는군."

"그래서, 뭘 추리할 수 있지?"

"글쎄, 저 은하계에 수십억 개의 행성이 있다면 그중 몇 개는 우리 지구와 비슷하지 않을까? 그렇다면 그 행성들에도 생명체가 있을지 모르고 말이야."

정신 차려,
이 바보야.
누가 우리 텐트를
훔쳐 갔잖아!

우체국에 온 개가 직원에게 말했다.
"멀리 있는 친구한테 전보를 치려는데 어떻게 하면 되죠?"
"일 달러 내고 여기 빈칸에 내용을 쓰면 돼."
'으르렁, 으르렁 으르렁 으르렁, 으르렁 으르렁, 으르렁, 으르렁
으르렁.'
우체국 직원이 내용을 살펴보고는 친절하게 말했다.
"아홉 단어네? 같은 가격에 '으르렁'을 한 번 더 써서 보낼 수도
있어."
그러자 개가 난처한 얼굴로 말했다.

"그렇게 되면 앞에 쓴 내용이
아무 의미가 없어져버려요."

마크 트웨인은 《톰 소여의 모험》과 《허클베리핀의 모험》 등으로 유명한 작가이자 독설가로 이름을 날렸다.

하루는 마크 트웨인이 어느 연회에 참석했다. 그의 옆자리에 앉은 사람은 재미없기로 유명한 〈유머 신문〉의 발행자였다. 그 역시 허풍만 세고 유머 감각이라곤 전혀 없었다. 마크 트웨인은 그가 떠드는 이야기를 한참 지루하게 듣다가 말했다.

"당신에게는 사람들이 재미있는 이야기를 많이 보내오겠군요?"

"아이고, 말도 마십시오. 재미있는 이야기라면 매일 산더미같이 오고 있죠."

"아니, 그런데 어떻게 당신은
그 재미있는 이야기를
하나도 신문에 내지 않을 수 있습니까?"

한 남자가 병원에 가서 정기검진을 받았다.

며칠 후 그는 검사 결과를 듣기 위해 다시 병원을 찾았다.

"좋은 소식과 나쁜 소식이 있습니다. 어느 쪽을 먼저 들으시겠습니까?"

남자는 나쁜 소식부터 알려달라고 했다.

"유감스럽게도 선생은 아주 희귀한 불치병에 걸린 것 같습니다."

"맙소사! 어떻게 이런 끔찍한 일이…… 그럼 좋은 소식은 뭐죠?"

남자는 혹시나 하는 기대를 걸고 의사의 대답을 기다렸다.

아, 그게 말이죠.
제가 그 병에
선생 이름을
붙이려고 합니다.

"여보."
늙은 남편이 불러도 아내는 아무런 대꾸가 없었다. 아내의 청력이 떨어졌다고 생각한 그는 측은한 눈길로 재차 물었다.
"내 말 들려?"
이번에도 대답이 없었다. 그는 아내 쪽으로 조금 다가가 물었다.
"이젠 들려?"
그래도 대답이 없자 옆으로 바짝 다가가서 큰 소리로 물었다.
"이젠 들리냐고?"
그러자 아내가 짜증을 확 내면서 말했다.

들린다고, 이 영감탱이야! 벌써 세 번이나 대답했는데 왜 자꾸 물어!

남편이 죽자 아내가 지역 신문사에 전화를 걸었다.
"'버니 사망'이라는 부고 소식을 내고 싶은데요."
신문사 직원이 잠시 침묵으로 애도한 다음 말했다.
"똑같은 가격으로 다섯 단어까지 실을 수 있습니다."
그러자 아내는 이렇게 말했다.

"아, 그럼 '버니 사망, 도요타 자동차 판매함' 이라고 해주세요."

난파선에서 유일하게 살아남은 남자가 표류하다 어느 섬에 떠밀려 올라갔다. 그런데 하필이면 그 섬은 해적들의 소굴이었다. 해적들에게 포위당한 그는 하늘을 향해 울부짖었다.
"이제 다 끝난 겁니까?"
그때 하늘에서 응답이 들려왔다.

'아직은 절망할 때가 아니다.'
"정말입니까?"
'정신 바짝 차리고 일단 창을 들어라. 그리고 저놈들의 대장을 찔러라.'

남자는 시키는 대로 하고는 하늘을 향해 다시 물었다.
"전 이제 어떻게 되는 거죠?"

'어떻게 되긴,
이젠 넌 끝장이다.'

한 목사가 거리에서 전도하고 있었다.
"예수 믿고 천국 가십시오."
목사는 지나가던 남자에게 전도지를 나눠주었다. 남자는 전도지를 다시 목사에게 건네주며 말했다.
"저는 장인어른 빽으로 천국에 갈 듯하니, 이런 건 필요 없습니다."
"아니, 장인어른이 대체 어떤 분이시기에 그런 말씀을 하십니까?"

> 제 아내가 매일 집에서
> 기도할 때마다
> 하나님 아버지를 수없이
> 불러대는데, 천국 정도야
> 장인어른 빽으로
> 어떻게 안 되겠습니까?

"여러분, 우리가 천국에 가려면 어떻게 해야 하죠?"
어린이 예배 시간에 설교하던 목사가 질문했다.
한 아이가 자신 있게 손을 번쩍 들었다.
"일단은 죽어야 합니다!"
목사는 일주일 후 다른 질문을 던졌다.
"여러분, 우리가 죄 사함을 받으려면 어떻게 해야 합니까?"
이번에는 다른 아이가 손을 번쩍 들고 자신 있게 말했다.

"일단은 죄를 지어야 합니다!"

임신한 여자가 길을 걷다 다리가 아파서 벤치에 앉았다. 그때 한 꼬마가 물었다.

"아줌마, 어디 아파요?"

"몸이 무거워지니까 좀 힘들어서 그래."

여자는 불러온 배를 쓰다듬어가며 친절하게 대꾸했다.

"아줌마 배에는 뭐가 들었어요?"

"응, 이 안에는 너처럼 예쁜 아기가 들어 있단다."

여자는 말하면서 행복한 미소를 지어 보였다. 꼬마가 심각한 표정으로 물었다.

"그런데 어쩌다 나처럼 예쁜 아기를 먹어버렸대요?"

물뱀이 연못에서 헤엄을 치고 있었다.
한참 헤엄쳐 다니다 보니 개구리들이 떼 지어 노는 모습이 보였
다. 그런데 유독 한 녀석만 검은색 팬티를 입고 있었다. 물뱀은
이상한 생각이 들어 그 개구리에게 물었다.

"다들 벗고 있는데 왜 너만 팬티를 입었니?"
개구리가 겸연쩍은 표정으로 말했다.

"저는 때밀이거든요."

첫날밤에 아내가 남편에게 물었다.

"자기야. 솔직하게 말해봐. 결혼하기 전에 사귀던 여자 있었지?"

"있었지."

"그래? 그 여자 예뻤어?"

"당연히 예뻤지."

아내는 남편의 솔직한 대꾸에 슬슬 약이 올랐다.

"지금도 그 여자 생각나겠네?"

"당연한 걸 왜 물어."

아내는 열이 확 뻗쳐서 죽일 듯이 남편을 노려보았다.

"그렇게 좋으면 그년하고 살지, 왜 나랑 결혼했냐?"

남편이 황당한 듯 받아쳤다.

했잖아, 결혼.
여기 좋은 년이랑.

인색하기로 둘째가라면 서러운 짠돌이가 대청마루에 누워 낮잠을
자고 있었다. 그때 한 스님이 찾아와서 목탁을 두드리며 말했다.

"지나가던 탁발승입니다. 시주 조금만 하시죠."

"그냥 가시죠."

짠돌이가 코웃음을 치며 빨리 눈앞에서 사라지라는 시늉을 했
다. 그러자 스님이 눈을 감고 불경을 외우는 시늉을 했다.

"가나바라…… 가나바라…… 가나바라……."

짠돌이가 가만히 그것을 듣고 있다가 질세라 중얼거리기 시작
했다.

"주나바라…… 주나바라…… 주나바라……."

시험에 주관식 문제가 나왔다. B는 도무지 답이 생각이 안 났다.
문득 옆을 돌아보니 공부 잘하는 A가 쓴 답이 살짝 보였다.
A의 시험지에는 '베니스의 상인'이라는 답이 적혀 있었다. B는
대충 보고 '페니스의 상인'이라고 적었다.
또 다른 아이 C는 B의 답을 훔쳐보고 머리를 좀 썼다.

C가 쓴 답은
'고추 장사'였다.

231

순진한 처녀가 군대 간 애인을 면회 갔다. 면회 신청서를 작성하는데, '관계'라는 난이 있었다. 그녀는 골똘히 생각하다가 '만난지 3일째 되던 날'이라고 썼다. 그러고는 신청서를 관리병에게 내밀었다.

"아가씨, 장난합니까? 관계란 다시 써주십시오!"

그녀는 뜨끔해서 '집에 놀러 왔을 때'라고 덧붙여 썼다.

"아가씨, 다 큰 처녀분이 이러시면 곤란합니다. 다시 쓰십시오!"

그녀는 정말로 솔직하게 '입대하기 전에 합쳐서 모두 세 번'이라고 썼다.

"아가씨, 자꾸 장난칠 겁니까?"

아저씨, 정말이니까
제발 믿어주세요.
입대한 뒤로는 아직
한 번도 관계 안 가졌다고요.

232

어떤 부부가 1년에 한 번 있는 건강검진을 받으러 병원에 갔다.
의사는 남편을 먼저 진찰하고 컨디션이 어떠냐고 물었다.

"딱 하나 문제가 있습니다. 집사람과 첫 번째 관계를 가질 때는
괜찮은데, 두 번째로 할 때는 땀을 많이 흘립니다."

의사는 남편의 말을 듣고 난 다음에 아내를 불렀다.
"남편께서 첫 번째 관계를 가질 땐 아무 문제가 없는데, 두 번째
관계를 가질 땐 땀을 많이 흘리신다는군요."

"네!
첫 번째 관계를 가졌을 땐
십이월이었고,
두 번째 관계를 가졌을 땐
팔월이었거든요!"

정신분석학 입문을 가르치는 교수는 성적 이야기라면 사족을 못
썼다. 강의 내용도 포르노를 방불할 만큼 노골적이었다. 당연히
시험문제도 성 관련 문제가 많았다. 이번 기말고사 1번 문제는
이랬다.

'1. 성감대를 아는 대로 쓰시오.

( ), ( ), ( ), ( ), ( ), ( )'

학생들은 온갖 것을 총동원했다. 한 학생은 6칸짜리 괄호 속에
무려 20개 이상의 성감대를 나열했다. 하지만 만점짜리 답안은
따로 있었다. 글자도 많지 않은 딱 여섯 자였다.

(온)

(몸)

(이)

(성)

(감)

(대)

밤이 깊어 흥부네 식구들이 잠자리에 들었다. 늘 그렇듯 흥부 옆에 흥부 마누라, 그리고 큰아들부터 순서대로 누웠다.

흥부는 아이들이 잠든 것을 확인하고 마누라와 밤일을 시작했다. 그런데 갑자기 천정에 매달아 놓은 커다란 메주 한 덩이가 큰아들 머리에 쿵 하고 떨어졌다.

깜짝 놀란 흥부가 살펴보니 큰아들은 세상모르고 잠에 취해 있었다. 흥부는 안심하고 다시 하던 일을 계속했다. 또다시 천정에 매달아놓은 메주가 큰아들 머리 위에서 곧 떨어질 듯 흔들거렸다. 그러자 쿨쿨 자는 줄 알았던 막둥이가 벌떡 일어나더니 한마디 했다.

그러다
애
잡겄네!

235

정부
그만큼만 주면 된다.

기업
그만큼씩이나 준다.

일반 국민
그만큼 받나 보다.

노동자
그만큼 받고도 산다.

아버지가 교회에 다녀온 아들에게 물었다.

"오늘 주일학교에서 뭘 배웠니?"

"모세가 어떻게 애굽으로부터 유대민족을 구출해냈는가에 대해 배웠어요."

"그래? 모세는 어떻게 유대 민족을 구했지?"

"모세는 일단 과학자들을 시켜서 수상 다리를 만들게 했어요. 그런 다음 유대인들이 바다를 다 건너자 바주카포로 애굽 탱크들을 모두 격파시켰어요. 그리고……."

"아니, 선생님이 정말 그렇게 말씀하셨단 말이야?"

"아뇨, 선생님께서 말씀하신 대로 얘기하면 아버지는 절대로 믿지 않으실걸요?"

한 남자가 볼 일이 너무 급한 나머지
실수로 여자 화장실로 뛰어 들어갔다.
"깜짝이야!"
화장실에 있던 여자가 다짜고짜 남자의 뺨을 때렸다.

"이건 여자를 위한 것이에요."

뺨을 맞고 화가 난 남자는
자신의 물건을 가리키면서 소리쳤다.

"이것 역시
여자를 위한 것이오!"

여고 동창생 둘이 모처럼 만났다.
"난 요즘 임신하지 않으려고 아주 조심하고 있어."
"네 남편 지난번에 정관수술 했다며? 그런데 뭘 조심해?"
"임신하면 안 되니까."
"정관수술 잘 안된 거야?"
"아니, 아주 잘됐어."

"그런데 뭘 더 조심해?"

"그러니까
더 조심해야지!"

아이가 시골 외갓집에 놀러 갔다가 희한한 광경을 보게 되었다. 어떤 아저씨가 끙끙대며 돼지 한 마리를 사과나무로 들어 올려 사과를 따 먹이고 있었다. 아저씨는 다른 돼지들도 차례로 들어 올려 사과를 따 먹게 하느라 여간 애를 쓰는 게 아니었다.

아저씨 온몸으로 땀이 비 오듯 쏟아지고 있었다. 한참 동안 이 모습을 지켜보던 아이가 조심스럽게 말을 꺼냈다.

"있잖아요, 아저씨.
나무를 흔들어서 사과를 떨어뜨리게 해주면
시간이 많이 절약되지 않을까요?"

아저씨가 시큰둥하게 대답했다.

"돼지가 시간은 절약해서 뭐 하게?"

남녀가 대구의 한 커피 전문점에서 맞선을 보게 되었다. 남자는
대구 달성고등학교 출신이었다. 여자는 서울 토박이로 경상도
남자와 만나본 것은 이번이 처음이었다.

이윽고 알바생이 커피를 가져왔다.

"니도 달고 나왔나?"

남자가 알바생의 명찰을 보더니 반갑게 말을 걸었다.

"예."

알바생이 돌아가자 남자가 여자에게 씩 웃으면서 말했다.

"저도 달고 나왔습니다."

그러자 잠시 당황스런 표정을 짓던 여자가 어물쩍 대꾸했다.

"저는 째고 나왔어요."

남자가 맹장 수술을 받으러 병원에 갔다. 담당 의사는 건망증이 매우 심한 사람이었다. 그는 수술을 하다 그만 메스를 환자의 배 속에 넣고 봉합해버렸다.

"아차!"

뒤늦게 실수를 깨달은 의사가 중얼대며 다시 배 속을 열었다. 그런데 이번에는 가위를 넣고 봉합했다. 의사는 할 수 없이 또 배 속을 열어야 했다. 시간이 너무 흐른 탓인지, 답답한 탓인지 환자가 마취에서 깨어났다. 환자는 몽롱한 상태로 말했다.

차, 차라리
지, 지퍼를 다쇼!

모 부대 사단장이 소대 시찰에 나섰다. 병영은 깔끔했다. 병사들
도 사기가 충천했다. 만족스럽게 소대를 둘러보던 사단장이 한
일병에게 다가갔다.
"귀관은 임무가 뭔가?"
"낙엽 긁는 일입니다!"
사단장이 기가 막혀 다시 물었다.

전시에 뭘 하느냔 말이다!

일등병이 더 크게 대답했다.

성당에 젊은 신부가 새로 부임해 왔다. 사제관에서 일을 돌보던 하녀가 말했다.

"신부님, 사제관 지붕이 낡아서 비가 샌답니다. 장마가 시작되기 전에 수리해야겠어요. 또 신부님의 보일러는 꽉 막혔는지 도통……."

"당신은 여기서 일한 지 육 년이 넘었죠? 전 여기 온 지 육 일도 안 됐고요. 우리에겐 소속감이 필요해요. 자, 우선 우리 지붕, 우리 보일러라고 하는 게 어떻겠어요?"

며칠 후 신부가 주교와 이야기를 나누고 있었다. 그때 하녀가 허겁지겁 뛰어 들어왔다.

"신부님, 아니 우리 신부님! 큰일 났어요! 우리 방에 생쥐가 한 마리 들어왔는데, 아 그게 우리 침대 밑으로 들어갔지 뭐예요!"

팔십의 아버지가 젊은 여성과 재혼하겠노라 말했다. 그러자 걱정 많은 아들이 용기를 냈다.

"아버지, 결혼은 신중하게 생각하셔야 해요. 그게……."

"왜? 말해봐."

"솔직히 걱정돼서요."
"무슨 걱정?"
"밤마다 자칫하면 목숨을 잃게 될지도……."
아들이 겨우 말을 꺼내자 노인이 역정을 내면서 말했다.

"누구더러 조심하라는 거냐? 그녀가 죽으면 난 또 결혼할 거다."

한 짓궂은 청년이 시험 합격을 위해 불공을 드리러 암자를 찾았다. 마침 노승이 부처님 앞에서 절을 올리던 중이었다. 청년은 노승의 뒷모습을 쳐다보다 문득 엉뚱한 생각이 들었다.

청년은 치밀어 오르는 충동을 억제하지 못하고 결국 노승에게 힘껏 똥침을 놓았다. 그런데 노승은 끄떡도 하지 않는다. 태연하게 절을 올리는 스님을 보니 오기가 발동했다. 이번에는 젖 먹던 힘까지 다해 찔렀다. 노승은 여전히 꿈쩍도 하지 않았다.

마침내 노승이 절을 마쳤다. 청년은 존경하는 마음이 저절로 생겨 공손히 합장했다. 그러자 노승이 두 손을 모으며 점잖게 말했다.

"대시오."

아버지와 어린 아들이 바닷가를 거닐고 있었다. 멀리 배 한 척이 나타났다. 아들이 물었다.

"아빠, 영어로 배가 뭐야?"

아버지가 자상하게 일러주었다.

"배는 말이다, 십(Ship)이라고 한단다."

그때 가까이 작은 배 하나가 지나가고 있었다. 그것을 본 아들은 손뼉을 치면서 큰 소리로 말했다.

"아빠!
저건 십새끼 맞지?"

두 사내가 한밤중에 은행을 털었다. 그들은 공동묘지로 도주했다. 그런데 급히 서두르다 묘지 입구에 돈다발 두 개를 흘리고 말았다.

"시간 없어. 흘린 돈은 나갈 때 가져가자."

둘은 무덤 뒤에 숨어서 돈다발을 나누기 시작했다.

"너 하나, 나 하나, 너 하나, 나 하나……."

때마침 묘지 관리소 새내기가 묘지를 둘러보던 중 그 소리를 듣게 되었다. 새내기는 사색이 되어 입구에 있는 묘지 관리소로 달려갔다.

"소장님! 저기 무덤 뒤에서 귀신들이 시체를 나눠 갖고 있어요."

터무니없었지만, 소장은 당장 그곳으로 가보았다. 그랬더니 정말 목소리가 들려왔다.

"너 하나, 나 하나. 너 하나, 나 하나……
참! 입구에 있는 두 개도 잊지 마."

청둥오리 모자가 산책을 나왔다.
한가로운 저수지 물 위로 다른 청둥오리들이 헤엄치고 있었다.
새끼 청둥오리가 엄마 청둥오리에게 물었다.
"엄마, 나 청둥오리 맞아?"
"그럼, 넌 세상에서 젤 이쁜 내 새끼야."
"그런데 왜 난 흰색이야?"

자정이 훨씬 넘은 시각, 경찰관이 야간 순찰을 하는 중이었다. 잠옷 바람의 꼬마가 고개를 푹 숙이고 집 앞에 앉아 있었다. 이상하게 여긴 경찰관이 꼬마에게 물었다.

"너 여기서 뭐 하니?"

"엄마 아빠가 싸워서 피해 있는 거예요."

"얼마나 심하게 싸우기에 네가 피난을 나왔어?"

"무섭게 물건을 막 집어 던지고 싸워요."

대체 너의 아버지 이름이 뭔데?

아, 글쎄 그걸 몰라서 저렇게 싸운다니까요.

바른 생활 시간에 선생님이 학생들에게 말했다.
"친구를 보면 그 사람을 알 수 있지요. 여러분은 친구를 잘 사귀어야 합니다."
맨 끝에 앉은 아이가 손을 번쩍 들었다.
"선생님, 전 친구가 없는데요?"
선생님이 간단하게 한마디 했다.

"그러니까 넌
알 수 없는 녀석이야."

연인이 그날 두 번째로 호텔에 갔다.
둘은 샤워를 하고, 와인을 한 잔씩 마시며 음악도 틀었다.
남자는 감미로운 술과 음악에 취한 여자의 볼에 살짝 입을 맞췄다.
마침내 남자는 커튼을 쳤고, 여자는 이불 속으로 들어갔다.
남자는 불을 마저 끈 다음 여자를 끌어안았다.
남자는 여자의 귀에 대고 속삭였다.

한 정신병원에서 세 명의 환자가 탈출을 모의했다.
"자전거를 타고 정문을 잽싸게 빠져나가자!"
그들은 병원을 다 뒤졌지만 자전거는 두 대뿐이었다. 남성용 한 대와 여성용 한 대.
"하나가 부족한데, 이를 어쩐다?"
"새끼 자전거를 만들면 되겠어!"
셋은 여성용 자전거 위에 남성용 자전거를 올려놓고 천막으로 덮은 뒤, 열 달을 기다렸다.
열 달 후, 셋은 기대에 부풀어 천막을 걷었다. 그런데 그토록 바라던 새끼 자전거는 없었다.

"아! 맞다!
콘돔부터 없앴어야
했는데!"

알퐁스 도데의 단편소설 〈별〉은 세계적으로 유명하다.
이 소설의 끝부분에는 다음과 같은 문장이 쓰여 있다.

'목동의 어깨에 소녀가 기대어 잠이 들었다.
그리고 목동은 별을 보며 잠자는 소녀를 보며
날이 샐 때까지 앉아 있었다.'

그 덕분에 이 소설은 천진난만한 소년 소녀의 사랑을 다룬
순정소설의 백미로 불리게 되었다.
하지만 이 글의 마지막에 한 줄만 덧붙이면
바로 삼류소설이 된다. 이렇게 말이다.

'다음 날 아침 소녀는
풀어 헤쳐진 윗옷을 여미고
산을 내려왔다.'

신혼 첫날밤, 시를 좋아하는 신랑 신부가 시적인 문답을 나누고
있다.
"자기는 내 눈을 보면 무슨 생각이 들어?"
"별."
"내 머리카락은?"
"달."
"내 입술은?"
"달아."
"어쩜! 나의 자○는 정말 시적이야!"

신부는 신랑의 찬사에 감동한 나머지
그만 발음이 꼬여버렸다.
'기'를 '지'로 발음한 것이다.

국어 시간에는 '사랑해'라고 말하고 싶고
영어 시간에는 'I love you'라고 말하고 싶고
수학 시간에는 너와 나의 대응관계를 찾고 싶고
지리 시간에는 너의 집을 찾고 싶고
미술 시간에는 너의 몸을 그리고 싶고
음악 시간에는 네 이름을 부르고 싶고
체육 시간에는 너에게 달려가고 싶고
기술 시간에는 너를 만들어 가지고 싶고
생물 시간에는 너의 내면을 들여다보고 싶다.

한 소설가가 문학도와 제목에 관해 얘기를 나누었다.
"제목에 귀족적인 요소와 성적인 요소를 첨가해보게."
"'공주님이 애를 뱄다' 어떻습니까?"
"이번에는 SF적인 요소를 첨가해보게."
"'별나라 공주님이 애를 뱄다' 어떻습니까?"
"미스터리 요소를 넣어보게."
"'별나라 공주님이 애를 뱄다. 과연 누구의 아이일까?'요."
"종교적 요소를 가미해보게."
드디어 최종 제목이 나왔다.

'별나라 공주님이 애를 뱄다. Oh My God! 과연 누구의 아이일까?'

한밤중, 산중에 길을 잃은 두 친구가 숲속의 대저택에 이르러 문을 두드렸다. 문을 열고 나온 집주인은 과부였다.

"실례합니다. 길을 잃어서 그러는데 오늘 하룻밤만 묵을 수 있을까요?"

"사정이 딱하시네요. 그래요."

날이 밝자 그들은 길을 더듬어 도시로 돌아갔다.

몇 달 후, 한 친구가 다른 친구를 찾아왔다.

"그날 밤 그 과부와 무슨 일 있었어?"

"응, 너한텐 미안하지만 좋은 시간을 보냈어."

"그럼 혹시 그 여자한테 내 행세를 했어?"

"미안하다."

"미안하긴! 정말 고맙다, 친구야. 그녀가 내게 유산으로 십억을 물려줬어."

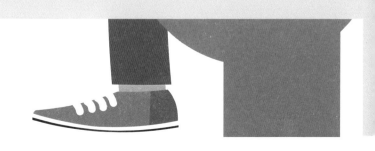

아들은 날이면 날마다 학교를 빼먹고 놀러만 다녔다. 아버지는 더 이상 아들의 못된 버릇을 두고 볼 수가 없었다. 그는 작정하고 아들을 불러 앉혀서 호되게 야단쳤다.

"에이브러햄 링컨이 네 나이였을 때 뭘 했는지 알고는 있냐?"

"모르겠는데요?"

아들은 너무나 태연하게 대답했다. 아버지는 끙 하고 한숨을 내쉬었다. 그는 최대한 침착하게 말했다.

"링컨은 그때 집에서 착실하게 공부에 매달렸단다."

그러자 아들이 생각난 듯 말했다.

"아! 그 아저씨 나도 알아요. 아버지 나이였을 때 대통령이었잖아요?"

깊은 산속 어느 마을의 점잖은 선비가 사랑방에서 책을 읽고 있었다. 하녀가 차를 들고 들어와 선비 앞에 앉다가 뽕, 하고 그만 실수를 해버렸다. 선비가 버럭 화를 냈다.

"이런 버르장머리 없는 것 같으니……."

선비는 옆에 있던 회초리를 들었다. 그러자 하녀가 얼른 치맛자락을 위로 올렸는데, 토실토실한 흰 종아리가 드러났다. 이를 본 선비는 그만 일을 저지르고 말았다.

이튿날 늘 그렇듯 선비가 책을 읽는데, 하녀가 청하지도 않은 차를 들고 들어왔다.

"무슨 일이냐? 차 마실 시간은 멀었는데."

"서방님! 저, 조금 전에 또 방귀를 뀌었사옵니다."

한 남자가 사랑하는 여자에게 청혼했다.
"저와 결혼해주십시오."
"저는 용기 있고 머리도 좋은 남자와 결혼하고 싶어요."
"지난번 보트가 뒤집혔을 때 제가 당신을 구해주지 않았습니까?
그걸로 제가 용기 있는 남자라는 사실은 충분히 증명되지 않았
나요?"
"그건 그렇지만, 머리가 좋아야 한다는 조건은요?"

"아! 그거라면 염려 딱 놓으십시오.
그 보트 뒤집은 게 바로 저거든요."

어떤 여자가 이혼하겠다고 변호사를 찾아갔다. 변호사가 물었다.
"그래, 이혼하려는 이유가 뭐죠?"
"신랑의 코 고는 소리 때문입니다."
"결혼한 지는 얼마나 됐죠?"
변호사는 뭐 그런 일 때문에 이혼하냐고 여자를 설득하려던 참
이었다.
"이제 딱 삼 일 됐습니다."
변호사는 그제야 여자를 이해하는 듯 고개를 끄덕였다.

"아! 그래요?
그렇다면 이혼 사유가 충분합니다.
아직은 코를 골 시기가
아니고 말고요!"

"난 어떻게 아기를 만드는지 알아."
한 꼬마가 자랑스럽게 말했다.
그러자 다른 꼬마가 같잖은 듯
피식 웃었다.
"유치하게! 뭘 그런 걸 자랑이라고."
"그럼 넌 뭘 아는데?"
다른 꼬마가 점잖게 말했다.

"난 어떻게 하면
안 만들어지는지도 알지."

어느 병원의 점심시간, 레지던트 과정을 밟는 두 의사가 병원 앞 벤치에서 쉬고 있었다. 그때 어떤 남자가 나타났다. 그는 안짱다리에 두 팔을 뒤틀고 고개를 기묘하게 꼬면서 걸어오는데, 검푸른 얼굴에 진땀이 비 오듯 했다. 그것을 본 한 레지던트가 말했다.

"안됐어. 척 보니 뇌성마비로군."

"천만에, 척 보니 편두통성 간질이 확실하구만."

잠시 후, 그 두 사람 앞에 걸음을 멈춘 남자가 더듬거리며 물었다.

저, 화, 화장실이 어, 어디 있습니까?

어느 대기업의 사장이
운전기사를 새로 뽑았다.
"자네, 십 년 동안
무사고 운전사였다던데?"
"네, 그렇습니다."
"대단하군. 그 비결이 뭔가?"

**한 번 큰 사고를
낸 후 십 년간
한곳에만
앉아 있었습니다.**

한 남자가 죽어서 저승에 갔다. 마침 그날은 염라대왕의 생일이라 온통 축제 분위기였다.
"기분이다. 천국과 지옥 중 맘에 드는 곳을 골라라."
곧 천국의 모습이 나타났다. 고전음악이 흐르고 떠다니는 구름 침대에 사람들이 쉬고 있었다. 그다음 지옥이 펼쳐졌다. 사이키 조명 아래 사람들이 신나게 춤을 추고 있었다.
남자는 천국 대신 지옥을 택했다. 그런데 지옥에 떨어지자마자 온몸에 불길이 휩싸였다.

아까 본 거랑 다르잖아요!

남자가 따져 물었다. 그러자 저승사자가 씩 웃더니 말했다.

인마, 그건 과대광고야!

한 정신병원에 젊은 의사가 새로 왔다. 환자들은 그에 대해 이야기를 나누었다.

"다들 전에 있던 선생님보다 새로 오신 선생님을 좋아하더라."

"맞아. 참 이상한 일이야!"

젊은 의사는 환자들이 하는 말을 듣고 어깨가 으쓱해졌다. 그는 슬그머니 환자들에게 다가가서 이유를 물어보았다.

"왜 그렇게 생각하지요?"

젊은 여자 환자가 대답했다.

"선생님은 어쩐지 우리랑 같아 보이거든요."

나폴레옹에게 점령당한 작센 지방에서는 술집에서 정치 이야기를 일절 나누지 못하도록 금지되어 있었다. 참다 못한 시민들이 경찰서에 가서 항의했다.
"정치 얘기를 하지 말라니, 그럼 도대체 술집에서 무얼 하란 말이오?"
"먹고 마시는 거만 하면 되죠."
"그럼 집에서 기르는 짐승과 무엇이 다르겠소?"

"그야 돈을 낸다는 게 다르죠!"

동료 의사에게서 전화가 왔다.
"우리 먼저 고스톱 시작했네. 빨리 오게."
"알았어, 금방 갈게!"

남편은 심각한 얼굴로 전화를 끊고
외출을 서둘렀다. 아내가 걱정스럽게 물었다.

"중환자인가 보죠?"

남편은 더욱 심각하게 표정을 지으며 말했다.

"그런가 봐, 지금 의사 셋이
매달려 있다니까."

선생님이 학생들에게 질문했다.
**"지하철에서 옆 사람의 발을 밟았을 때
뭐라고 해야 하죠?"**

아무도 대답하지 않자 선생님이 힌트를 주었다.
"'다'로 끝나는 다섯 글자인데."

그러자 한 아이가 손을 번쩍 들었다.
"그래, 뭐라고 해야 하죠?"
아이가 말했다.

"이걸 어쩐다!"

진찰실에 사람들이 들어왔다.
"골프공이 목에 걸렸어요."
한 사람이 말했다.

"네, 그런데 함께 오신 분은 보호자입니까?"

다른 한 사람이 말했다.

"아니요.
저는 이 사람이 삼킨
공의 주인인데요."

육군병원을 위문한 유명 여배우가 한 환자에게 물었다.
"당신은 무엇으로 적군을 무찌르셨죠?"
"이 손으로 적군을 수없이 무찔렀습니다."
환자는 자랑스럽게 자신의 손을 들어 보였다. 여배우는 그 환자
의 손에 키스를 해주었다. 두 번째 환자에게도 같은 질문을 했다.
"그럼 당신은요?"
두 번째 환자는 입술을 쭉 내밀며 말했다.

"전 이 입으로
적병을 물어뜯어서
죽였답니다."

남자는 기네스 기록에 관심이 많았다. 그는 개미에게 음악을 들려주고 춤을 추도록 훈련을 시켰다. 10년이 지나자 개미는 음악에 맞춰 멋지게 몸을 흔들어댔다.

마침내 기네스 대회에 출전하는 날, 남자는 배가 고파서 냉면을 먹고 가기로 했다. 식사 중에도 개미가 제대로 해낼지 온통 그 생각뿐이었다. 그는 마지막 훈련을 위해 개미를 품에서 꺼냈다. 개미는 신들린 듯 춤을 잘 추었다. 그는 자랑하고 싶은 마음에 웨이터를 불렀다.

"어이!"

웨이터가 다가오자 눈으로 개미를 가리켜 보였다.

"죄송합니다. 다시는 이런 일이 없도록 하겠습니다."

웨이터는 손가락으로 개미를 꾹 눌러 죽였다.

아담이 이브 몰래
여자를 만들어 바람을 피우다 들켰다.
이브는 하나님에게 이 사실을 고했다.

아담이 하나님한테 불려가 심하게 야단을 맞았다.
기분이 몹시 언짢아진 아담은
속으로 이를 갈았다.

"두고 보자!
아직 갈비뼈는
많으니까."

이것이 남자들의 바람기가 생긴 시초이다.

어느 조간신문의 부고란을 보고 한 노인이 노발대발했다. 멀쩡히 살아 있는 자기 이름이 버젓이 실려 있는 것이다. 화가 머리끝까지 오른 노인이 신문사로 찾아왔다.

"이봐요, 편집국장. 두 눈 시퍼렇게 뜨고 살아 있는 사람을 보고 죽었다니, 이게 될말이오?"

"아이고, 어르신. 저희가 정말 죽을 죄를 지었습니다."

편집국장은 당황하여 거듭 사죄했으나 노인의 노여움은 식지 않았다. 보다 못한 편집국장이 한 가지 제안을 했다.

**"저, 이렇게 하면 어떻겠습니까?
내일 출생 소식란에
영감님의 성함을 실으면요?"**

어느 조직 보스의 경호원을 뽑는 시험이 실시되었다. 최종 심사에는 세 명이 올라왔다. 세 사람에게는 각각 파리가 들어 있는 작은 상자가 하나씩 주어졌다.

첫 경쟁자가 상자를 열었다. 그는 파리가 날아오름과 동시에 칼을 휘둘렀다. 파리는 반쪽이 되어 다시 그 상자 속으로 떨어졌다.

두 번째 경쟁자의 상자에서도 역시 파리가 날아올랐다. 그가 칼을 휘두르니 날개만 잘린 파리가 팔랑개비처럼 빙글빙글 돌면서 상자로 떨어졌다.

세 번째 경쟁자가 나섰다. 그런데 그가 칼을 휘둘렀지만 파리는 여전히 날고 있었다.

"어찌 된 건가?"

"저 파리는 오래 살겠지만
새끼는 못 낳을 겁니다!"

초등학교 1학년 교사로 갓 부임한 선생님이 아이들에게 말했다.

"수학을 열심히 해야 해요."

"왜요?"

"숫자는 우리 생활에 꼭 필요한 거랍니다."

"그래도 숫자 공부는 너무 어려워요."

"맞아요!"

다른 아이들도 덩달아 외쳤다. 선생님은 안타까운 마음에 아이들을 돌아보았다.

"여러분이 열까지밖에 세지 못하면 장래에 아무것도 될 수 없어요."

그러자 아이들이 입을 모아 외쳤다.

복싱 심판이 되면
되잖아요!

6과 5.5가 이웃에 살았다. 6은 5.5를 이유 없이 괴롭혔다. 5.5는 6
보다 0.5가 적은 숫자라서 늘 불이익을 당해도 말을 못 했다. 어
느 날, 평소처럼 6이 5.5에게 커피를 타오라고 시켰다.

"빨리 안 튀어가?"

6이 5.5를 노려보았다. 그런데 무슨 일인지 5.5가 빳빳하게 서 있
기만 했다.

"니가 타 먹어."

6은 자신의 귀를 믿을 수가 없었다.

"너 미쳤냐?"

6이 어이가 없어 고개를 갸우뚱했다. 5.5가 목에 힘을 빡 주고는
말했다.

야, 나 점 뺐으니까
긇어!

금고털이 살인범이 경찰서에 잡혀 왔다. 형사가 물었다.

"금고를 부수기 전에 노파는 왜 죽였지? 옆방에 있었고, 귀도 먹었는데."

"금고에 할머니 글씨가 있었어요."

"할머니가 뭐라고 썼는데? 글씨 때문에 살인을 한 게 말이 돼?"

"할머니가
이렇게 썼더라고요.
'이 금고는 반드시
내가 죽고 난 후에
열 것'이라고……."

초등학교 역사 시간에 선생님이 주관식 문제를 냈다.
'조선 시대에 가장 신분이 낮은 사람을 무엇이라고 하는가?'
정답은 '천민'이었지만, 많은 아이가 이렇게 답을 썼다.

'쇤네'

'소인'

남자는 한 달 동안 거의 매일 술집에 나타났다. 어느 땐 친구와 함께, 어느 땐 혼자서도 왔다.
술집 여주인은 그가 매우 유쾌한 성격이라 생각했다. 하지만 그 날따라 남자는 몹시 슬퍼 보였다.
"무슨 일 있으세요?"
"실은 집사람과 좀 다퉜습니다. 한 달 동안 냉전 중이었죠."
"그럼 빨리 부인과 화해하세요."
"네, 오늘로 그 냉전도 끝입니다."

"어머! 잘됐네요!
그런데 왜 표정이 그렇게 어두우세요?"

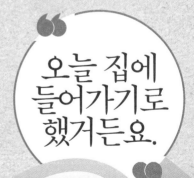

오늘 집에
들어가기로
했거든요.

A와 B가 배낭여행을 떠났다. 여행 경비가 바닥날 무렵, 한 강변을 지나던 둘은 표지판을 발견했다.

'물에 빠진 사람을 구해주면 5천 달러를 포상금으로 줌.'

"우리 둘 중 하나가 물에 빠지고 다른 한 명이 구해주면 오천 달러를 벌 수 있어!"

이렇게 해서 한 친구가 먼저 물에 빠졌다. 그런데 한참을 허우적거리고 있어도 다른 한 친구가 구해줄 생각을 하지 않는 것이었다. 물에 빠진 친구는 겨우 헤엄을 쳐서 밖으로 기어 올라왔다.

"야! 너 왜 약속을 안 지킨 거야?"

친구가 조용히 구석진 곳의 푯말을 가리켰다.

'죽은 자를 건질 경우 포상금은 1만 달러.'

판단력이 부족하면 결혼을 하고,
이해력이 부족하면 이혼을 하며,
기억력이 부족하면 재혼을 한다.

30대 교수는
어려운 것을 가르치고,

40대 교수는
중요한 것을 가르치고,

50대 교수는
아는 것을 가르치고,

60대는
기억나는 것을 가르친다.

유치원에서 선생님이 물었다.

"친구들, '고' 자로 시작하는 말에는 뭐가 있죠?"

"고모요."

"고양이요."

아이들은 저마다 아는 단어를 말했다. 맨 뒷자리에 앉은 한 아이가 말할까 말까 머뭇거렸다.

"우리 친구 생각도 들어볼까?"

"저기…… 고뇌요."

선생님은 유치원생이 어려운 단어를 아는 게 놀라워 다시 물었다.

"고뇌가 무슨 말이지?"

"돌고뇌 있잖아요. 바다에 있는 거……."

아이들 셋이서 자신의 아빠가 얼마나 돈을 쉽게 버는지 자랑을
하고 있었다. 먼저 의사를 아빠로 둔 아이가 말했다.
"우리 아빠는 몇 마디 질문하시면 환자들이 십 파운드를 낸다?"
변호사를 아빠로 둔 아이도 한마디 했다.
"우리 아빠가 책상에 앉아서 책을 보기만 해도 사람들은 이십오
파운드를 낸다?"
그러자 목사를 아빠로 둔 아이가 그런 건 자랑도 아니라는 듯 이
렇게 말했다.

"우리 아빠가
삼십 분 설교를 하시면,
여섯 명의 사람이
교회 안을 돌아다니면서
헌금을 걷어오는데?"

남자가 급히 공중 화장실에 들어가 시원스럽게 볼일을 보고 난 뒤였다. 아뿔사, 주머니를 뒤졌으나 휴지가 없다. 닐슨은 옆 화장실 사람에게 정중하게 부탁했다.

"죄송하지만 휴지 좀 나눠 주세요."

"저도 남는 게 없는데요."

"그럼, 혹시 메모지나 다른 것이라도 가지고 계시면……."

"그런 거 없습니다."

잠시 후 남자는 비장한 목소리로 말했다.

"그럼, 십 달러짜리를 일 달러짜리로 좀 바꿔주십시오."

도시에 살던 한 부부가 시골로 이사를 갔다. 하루는 남편이 동네 구멍가게에 수박을 사러 갔다. 그런데 만나는 사람들마다 그에게 웃음을 보냈다. 덩달아 그도 많이 웃었다.

집에 돌아오자마자 그는 아내에게 말했다.

"이 동네 인심 좋은 곳 같아. 이사 오길 참 잘했어! 만나는 사람마다 웃더라니까."

부인이 그의 바지 지퍼 쪽을 내려다보더니 말했다.

"쓸데없는 소리 말고 바지에 붙은 스티커나 떼!"

그의 바지 중심부에는 상표 하나가 여봐란듯이 붙어 있었다.

'씨 없는 수박'